暮らしも仕事も快適に

テレワークのインテリア

はじめに

テレワーク、在宅勤務、リモートワーク……。
呼び方はさまざまなれど、新型コロナウイルスの流行で
「家で仕事をする」という状況が始まりました。
形を変えつつも、そんな状況が定着している人は
たくさんいるのではないでしょうか。

いきなり引っ越すというわけにもいかず、
新たに大きな家具を取り入れるというのも難しいもの。
それでも、仕事はしなければなりません。

快適なテレワークの環境を作りたい。
仕事をしながら、暮らしの場も心地よく保ちたい。
どうしたら実現できるのか、
15軒のお宅を訪ねてコツを教えてもらいました。

テレワークが始まって環境を整えたお宅もあれば、
以前から自宅を仕事場にしているお宅もあります。
ダイニングテーブルをうまく使っている人もいれば、
リビングにワークスペースを作った人もいて、
ワークルームを持っている人もいます。

それぞれにワークスペースを作るコツが詰め込まれていて、
家で働くからこそのインテリアの工夫や
息抜きの方法がたくさんありました。
限られた場所でも取り入れられるノウハウが
きっと見つかるでしょう。

狭いから。家族がいるから。オフィス家具がなじまないから。
そんな理由であきらめずに、
ワークスペースを整えていきませんか?

暮らしも、仕事も、等しく大切なものだからこそ、
自分も、家族も、心地よく過ごしたい場所だからこそ、
快適で便利なワークスペースを。

CONTENTS

1章
ダイニングテーブルを
ワークデスクに

テレワークを始める際に、
まず、ダイニングテーブルで試してみたという人は
多いのではないでしょうか。
パソコン仕事にも、書類を書くにも、
デスク代わりになって便利です。

とはいえ、そこは食事や団らんをする場所。
ずっとパソコンを置きっぱなしにしたり、
仕事の資料を広げたままにはできません。

大切なのは、収納場所を確保すること。
そうすれば、仕事を始める時も、終わった後も、
いつでもスムーズに気持ちよくいられます。
上手にダイニングテーブルを使いこなしているお宅を
3軒紹介します。

01

一級建築士　佐々木倫子さん

キッチンのシンクから続くダイニングテーブル。佐々木さんは基本的にここで仕事をすることがほとんど。時折、子どもが一緒に宿題をすることも。

パソコンでの仕事はほぼこのダイニングテーブルで。
必要なサンプル帳などは天板下の収納棚にあるので、すぐに手が伸ばせて便利。

テレワークの決まりごと

- 仕事が終わったら道具をきちんと収納し、テーブル上をすっきりさせる
- 出し入れしやすい収納場所を確保して、片づけを楽にする
- 収納スペースからはみ出るものは、持たないようにする
- ラジオをつけて、仕事のスイッチをオンにする
- 子どもとの時間は気分転換だと考えて、楽しむ

Profile

佐々木倫子さん

一級建築士

https://www.ten-hachi.com/

夫と息子の3人暮らし。隈研吾建築都市設計事務所勤務を経て、夫で一級建築士の佐藤圭さんとともに建築事務所「.8/TENHACHI」を設立。住宅や商業施設などの設計のほか、家具やプロダクトの企画デザインなど幅広い分野で活躍している。

Data

- 67㎡／ワンルーム
- 分譲マンション
- ワークスタイル

週5日ほど、9:00から18:00まで自宅で仕事をしている。パソコンを使う作業のほか、模型を作る際には広いスペースが必要で、ダイニングテーブルを活用。新たに事務所を持つことになり、家とどちらでも仕事ができるようにしたいと考えている。

佐々木さんがテーブルにつくと、正面には、夫の佐藤さんの後ろ姿が。「資料が多い時は、それぞれ別のスペースで仕事をすることもあります」。こちらのワークスペースについては、のちほど紹介。

キッチンのシンク横に続く、長いダイニングテーブル。佐々木さんのお宅では、ここが調理台になり、食事の場になり、さらにはワークスペースとしても活躍しています。このテーブルを作ったのは、マンションをリノベーションする際のこと。「当時は会社勤めでしたが、家で仕事をするかもしれないと考えていました。それに、キッチンの横なら料理をするにもスペースが広くていいし、子どもがここで宿題をすれば家事をしながら見ていられると思って」。ダイニングを「食事」に限定せず、フレキシブルに使える場所として考える。そうすれば、ライフスタイルが変化しても大丈夫というわけです。実際、独立の際にひとまず家で仕事をしてみようと思えたのも、このテーブルがあったから。

とはいえ、家で仕事をするには、書類やカタログ、設計する模型などさまざまなものが必要です。「テーブルの下に作った収納棚が役立ちました。クローゼットとして作った棚も、洋服に加えてプリンターや模型の材料なども入れています。戻せる場所を決めておけば、テーブルの上がすっきりするので、安心なんです」。食事の時に限らず、仕事が終わったらきちんと片づける。テーブルが空いている状態をキープするからこそ、用途に縛られずに使えて、家族が集まる場になっているのです。

ダイニングテーブルの下には、ぐるりと収納棚があります。仕事で使う資材のカタログや資料、子どもの教科書など、テーブル上で使うものはここに収納。「入りきらないものは厳選して処分します」

家族も使う場所だからこそ、テーブル上はすぐに片づけられるように

佐々木さんの定位置のテーブル下は、プリンターや用紙など。書類は「無印良品」のファイルボックスに入れて整理しています。ノートパソコンは仕事が終わったら、毎回プリンターの上に置くようにし、テーブルの上をすっきりと。

テーブル上の吊り棚は、キッチン側には食器や調理道具など。ダイニング側はカトラリー類の他、仕事に使う細かい道具を。「無印良品」のツールボックスにまとめて出し入れしやすくしています。

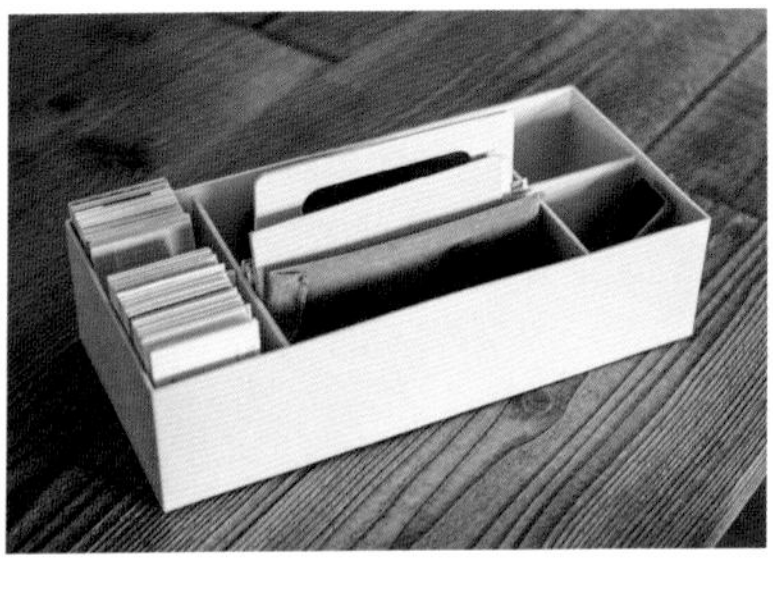

キッチン側の壁は一面収納棚に。上部には模型や模型に使う資材など大きなものを隠して収納。ワンルームとして使っているので、下には家族の洋服なども入っています。

「マンションをリノベするときに、テーブルに電源があったほうが便利だろうと予測して作りました」。天板の一部を外すと下にコンセントがあるという仕組み。

息抜き、気分転換のおとも

1. 大きめのグリーンも部屋に取り入れています。「息子がこの木でカマキリを飼っていたことがあって、水やりしながら様子を見るのもいい気分転換になりました」 2. 壁の仕切りを取り払っているので、リビング横の寝室もひとつづきです。「お昼ごはんの後に眠くなったら、一旦ちょっと昼寝できて便利ですよ」と夫の佐藤さん。

3. 仕事中はもっぱらコーヒーが多いというご夫婦。「『KINTO』のグラスを愛用しています。二重構造で冷たいものを入れても水滴がつかなくて資料が濡れないんです」 4. 佐々木さんの仕事中の息抜きはチョコレート。「ちょっとつまめる小さいタイプがあるといい。今はいただきものの黒豆チョコレート」。瓶に詰め替え、出しっぱなしでも見栄えよく。

リビングの一角にデスクを設置することもあります。
「模型を作っている時は途中で片づけられないので、このデスクの出番。スタッフがいてテーブルだけで間に合わない時にも便利です」

折りたたみのテーブルを作って いざという時の簡易デスクに

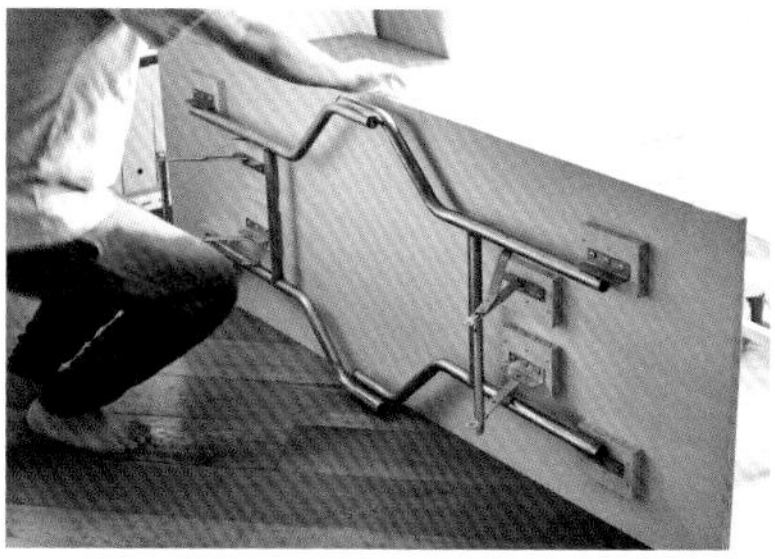

夫の佐藤さんが使っていることが多いデスク。モニターとノートパソコンを組み合わせて。じつはこのデスクは佐藤さんの自作。「『パシフィック ファニチャー サービス』の折りたたみ用の脚に天板をつけました。棚板や取り付けのパーツなど板に無駄が出ないように計算して作っています」

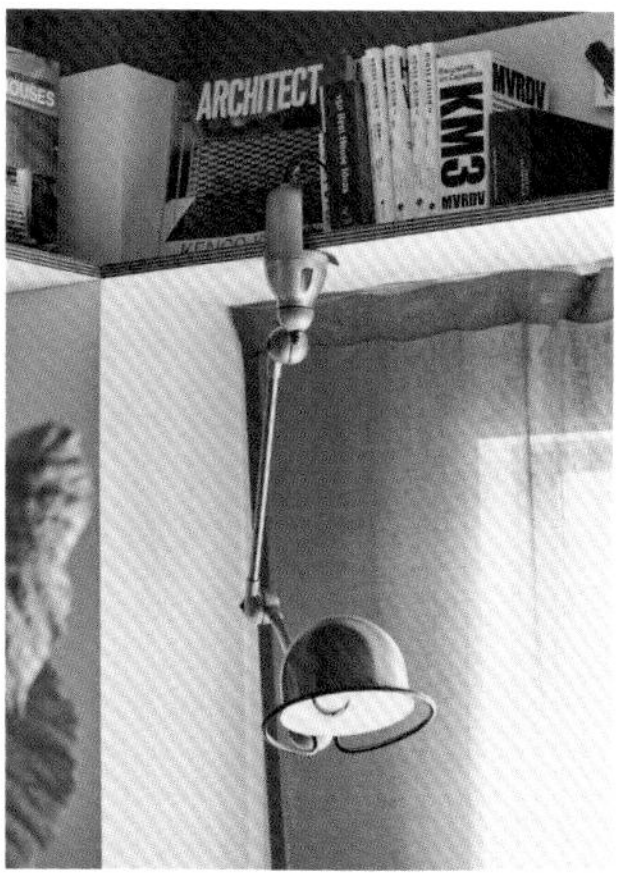

折りたたみデスクの上には、フランス「Jielde」社の挟み込むタイプのライトを。上部にぐるりと本棚を設置しているので、その棚板につけています。

窓際にはキャスターつきの業務用の棚を置いて、仕事の資料をまとめています。下段に「無印良品」のファイルボックスを並べて案件ごとに整理。棚はすべて埋めずに雑貨やグリーンを飾るスペースを空けているので圧迫感がありません。

02

リノベーション会社「EcoDeco」広報
天井理絵さん

ダイニングテーブルが今の天井さんのワークスペース。背景にグリーンを置けるので、オンラインミーティングの時にも便利だそう。

ダイニング横の窓はあえてカーテンやブラインドをつけず、半透明の窓ガラスに。ほどよく光が入ってきて気持ちのいい明るさです。

Data

93.94㎡／1LDK
分譲マンション
ワークスタイル

もともと、週に4から5日ほど、8:30から17:30まで自宅で仕事。夫も週に4日のテレワークになったため、オンラインでの作業が多い夫にワークルームを譲り、自身はダイニングテーブルでの仕事に切り替えた。

Profile

天井理絵さん

リノベーション会社「EcoDeco」広報

夫と子ども2人の4人暮らし。妊娠をきっかけにマンションを購入。都心から郊外へ暮らしの拠点を移した。丘の上にあるマンションの上階で、広いバルコニーつきの物件をリノベーションして暮らしている。

テレワークの決まりごと

- 目に入るリビングは、仕事前に片づける
- オンラインミーティングがあってもなくても、メイクをする
- 仕事の時間が終わったら、道具はすべて片づける
- 仕事と家族の時間をきちんと分けるように心がける
- 子どもが起きている時間は、緊急の仕事以外はせず、残業は子どもが寝てから取りかかる

子どもを学校と保育園に送り出し、リビングを片づけたら仕事をスタート。ダイニングチェアをそのまま使っていますが、身体のことを考えてオフィスチェアを注文中。

今はダイニングテーブルで仕事をしている天井さんですが、じつは自宅にはワークルームがあります。もともと在宅で仕事をすることが多かったため、リノベーション時に作った部屋でした。「夫もテレワークが始まってみたら、彼の方がオンラインでのミーティングなどが多い。スペースを譲って私はダイニングで仕事をすることにしたんです」

いざ、ダイニングで仕事を始めてみて気になったのは視線の先。リビングに子ども達のおもちゃなどが広がっていては落ち着かないということでした。「夜のうちに片づけても、なぜか登校・登園前に急に遊び始めちゃうこともあって（笑）。仕事前にリビングを片づけてリセットするようにしています」。いつしかそれが習慣になり、すっきりした状態で一日を始められるようになりました。

また、仕事が終わったら自身の仕事道具は隠して収納。「家族と過ごす時間をきちんと分けるように気をつけています。基本的には、子どもが起きている間、仕事はしないんです」。書類やガジェット類は、それぞれ収納ボックスにまとめ、テーブル上からパッと持ち運びしやすくしています。環境が変わってもそれを受け入れ、より良い方法を模索する。仕事も生活も両立できているのは、そんな天井さんの柔軟さがあってこそなのです。

リビングの一角には子どものコーナーを。まだ二人とも小さく、遊び場がリビングのため、片づける場所も近くに設置しています。「別の部屋に持って行くとなると私も面倒だし、一緒にお片づけできた方がいいのでこのスタイルに」

ペンダントライトはまだ以前の場所のままなので、仕事をする時はテーブル横にスタンドライトを。窓からの光が存分に入るので明かりはこれだけで十分。

ダイニングの指定席に座ると目に入る光景。子どものおもちゃや家族のものは、きちんと元の場所に戻してから仕事をしています。「できるだけ見えるところはすっきりさせておくと、気持ちよく働けるなと思って。片づけが習慣になると楽ですね」

仕事に取りかかる前に、リビングを片づけて気持ちよく

仕事が終わったら、自分の道具は家族の目につきにくい場所へ

本来はリビングのローテーブルですが、「子どもたちが上に乗って遊んでしまうので」と、一時的にダイニングテーブルの横に。上にのせたりんご箱の陰にプリンターやファイルボックスなどの仕事道具を隠しています。リビング側から見ると見事に仕事道具が見えません。「いずれはローテーブルに戻したいので、その時はまた収納場所を考えます」と、さすが柔軟な天井さん。

カメラの三脚や充電コードなど細かなガジェット類はツールボックスにまとめて。使う時だけダイニングテーブルに持ってきています。

グリーンをインテリアに取り入れるのが好きというだけあり、部屋の各所にさまざまな鉢植えがあります。「インテリアショップで買うと高いので、植物専門店で。鉢だけ変えてなじませています」。あれこれ配置を変えたり、世話をするのが気分転換に。グリーンのほか、ご主人の趣味だという熱帯魚もちらほら。

息抜き、気分転換のおとも

仕事中はコーヒー。「キッチンがすぐ横なので、飲みたい時にさっと淹れられて便利です。仕事の合間に家事もできるので、テレワークの方が時短になっている気がします」

香りも息抜きのひとつ。フランスのフレグランスブランド「MAD ET LEN」のポプリタイプを愛用しています。蓋を開ければふわりといい香りが広がります。オイルを垂らして使うことも。

03

一級建築士、「EcoDeco」リノベーションコーディネーター 岡野真弥さん

資料を広げることもあれば、必要な時はモニターをつなぐことも。広いダイニングテーブルなら、臨機応変に使えて便利です。

Data

- 64㎡／2LDK
- 分譲マンション
- ワークスタイル

現場での打ち合わせや不動産の案内などで外出することもあるが、それ以外は週に3から4日ほど、9:00から18:00まで自宅で仕事。パソコンに向かって仕事をすることが多い。大量のプリントアウトがあるなど、必要なときに出社。

Profile

岡野真弥さん

一級建築士、「EcoDeco」リノベーションコーディネーター
妻と息子の3人暮らし。インテリアショップに勤務後、「Style&Deco」にて設計に携わる。さらに、不動産や金銭面についてもサポートするコーディネーターの仕事も兼務している。

あえて余白を残しておけば仕事の道具をいつでも納められる

資料も広げやすく、明るいダイニングテーブルで仕事。食事の時に限らず、仕事が終わったらすぐに片づけてすっきりさせているのだそう。

テレワークの決まりごと

- 自宅でのワークスペースを広げないよう、資料は必要なものだけを会社から持ってくる
- 収納には余白を残し、急にものが増えても対応できるようにする
- 仕事の合間にうまく家事を取り入れて、気分転換する
- 家事は夫婦で分担して、お互い気持ちよく働く
- 遅い時間まで仕事をしたい際には、会社に行く

岡野さんが自宅で仕事をするようになったのは3年前。勤務先での働き方改革によってパソコンがデスクトップからノート型に変わり、好きな場所で働けるようになったからでした。以来、家でのワークスペースはずっとダイニングテーブル。とはいえ、3年もの間ここで仕事をしているとは思えないほど、すっきりした空間になっています。「あくまでも家族も使う場所という意識があります。なので、パソコン類はきちんとしまえるようにして、資料が収納スペースからはみ出るようなら、会社に持って行くようにしています」ときっぱり。そう言われてみるとダイニングの壁の棚も、リビングのテレビ台まわりも、もので埋めずに、余白を存分に残した空間になっています。「スペースがあれば、いざという時にものを置くことができます。実際パソコンや仕事中の資料をしまっておけますし」

　そのきちんとした姿勢は家事にもあらわれていて、仕事をしている奥さんときちんと分担しているそう。テレワーク時は、仕事の合間に洗濯や料理をして気分転換にしています。完璧な姿に感心していたら「お酒が好きなので、ランチに飲まないように気をつけています(笑)」。仕事や家事はきちんと。終わったらゆっくりお酒を。緩急つけることが快適なテレワークの秘訣なのかもしれません。

3年前にテレワークが始まった時からこのスタイル。
ダイニングチェアで疲れないかと思いきや「僕は意外と大丈夫です。座面高も合っているし、テーブルとの高さもちょうどいいので」

ダイニングテーブルでの仕事だからこそ いつでもすっきり片づけられる工夫を

ダイニングの壁には一面飾り棚があります。ついものを置きたくなってしまうものですが、岡野さんのお宅では見事にすっきり。「ものを埋めないほうがいいと思って。結果、テレワークになっても下段にパソコンをしまえますし、資料を一時的に置いたりもできて便利です」

基本的にノートパソコンなので、ベランダで仕事をすることも。「季節的に限定されますが、気分を変えることができていいです」

1. ダイニングテーブル横に置いてあるキャビネット。一段ずつ家族それぞれのものが入っています。「ここに入りきらない資料は、会社に持って行くようにして。家では必要なものをさっと取り出せるようにしています」
2. 遅くまで仕事をする時は家族の邪魔にならないようにと出勤するそう。「意識的に会社と行き来すると、家に仕事のものを持ち込みすぎないのでいいかなと思っています」

息抜き、気分転換のおとも

リノベーションをする際に本好きな奥さんのために考えたという本棚。キッチンからぐるりと回れるようになっていて、収納力があります。小説や絵本などが並ぶなか、岡野さんの建築に関する本も。このスペースがあることで、リビングダイニングの棚がすっきりしているのでしょう。

ベランダや室内のグリーンの世話も息抜きになるのだそう。「デスクワークでずっと座っているので、少しでも体を動かすためにベランダに出たり、考え事をしながら家の中をうろうろしたりしています」

休みの日も平日も、家事をきちんと分担している岡野さん。「家で仕事するようになって、合間に家事ができるので効率よく動けるようになりました。気分転換にもなっていいですよね」。お昼は前日の残り物をアレンジしたりと自炊しているそう。

リビング側もすっきりした空間。ダイニングの棚と同じようにテレビ周りもものを置きすぎないようにしています。

インテリアになじむ ワークチェア

デスクワークで大切なのが椅子。身体に負担がかからないためには、
深く座った際にかかとが浮かないような高さであること。
さらに、デスクに対して肘が90度になるのが良いとされています。昇降式を選べば、
手持ちのデスクやダイニングテーブルに合わせて調整できて安心です。

身体を包み込む
ソファのような座り心地

2

1

お手ごろ

最近は、手ごろな価格で、かつ、デザインも良く、高機能なものもたくさん。2万円以下のものを紹介します。

アクセントになる
ポップなデザイン

3

高い背もたれが
身体をしっかり支えます

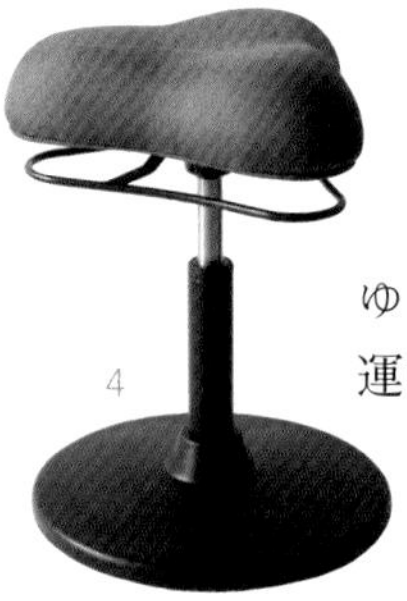

4

ゆらゆら動いて
運動不足を解消

1.高さ調整ができるタイプでは珍しい、明るいカラーリングが目を引くワークチェア。ナチュラルなインテリアではいいアクセントになります。背面はイエロー、レッド、ブラックの全3色で、座面はすべてココアカラーのファブリック。
WORKING CHAIR／19,580円(税込)／FLYMEe BASIC　https://flymee.jp/

2.背もたれと座面にソファなどに使われるピュアウレタンで座り心地抜群。高さ調整や移動がスムーズで、使いやすさにもこだわりあり。ダークグリーン、ダークグレー、ターコイズ、ダークブラウン、イエロー、グリーンの全6色。　オフィスチェア／10,790円(税込)／LOWYA　https://www.low-ya.com/

3.背もたれやシート、ヘッドレスト、腰当ての位置を調整でき、体形に合わせてカスタマイズ可能。安全キャスターは感圧式ロック機能つきで、立ち上がるとロックがかかり、座ると解除されます。全4色。アームレスト付きもあり。
イェルヴフェレット／16,990円(税込)／イケア　https://www.ikea.com/jp/

4.座面が全方位に8度傾斜し、ゆらゆら動いて背中や腰の筋肉を使うことで気分転換できます。骨盤をまっすぐにして姿勢矯正してくれるという利点も。ブラック、ブラウン、ライトグレー、オレンジ、モスグリーン、ブルー全6色。プロポーションスツール／17,000円(税抜)／MIYATAKE　https://miyatake-ss.jp/

デザイナーズ

デザイナーズチェアに憧れている人も多いはず。長時間、座って過ごす椅子だからこそ、お気に入りのデザインを選べば、モチベーションのアップにもつながります。

5. デザイナーの柴田文江氏が手がけたワークチェア。デザインやカラーリング、マットな質感とインテリアになじむ要素が満載です。ボディカラーは4種、脚は3タイプ、ファブリックは28種類。人間工学に裏付けられた座り心地で、姿勢に合わせて座面や背面が動くという快適さも特徴です。　vertebra03／57,400円（税込）～／ITOKI　https://vertebra.jp/

6. 人気の高いデザイナー、チャールズ＆レイ・イームズの代表作である「シェルチェア」のタスクチェアバージョン。特徴的な機能美と有機的なフォルムを引き継いだ美しいデザイン。プラスチックシェルはアクアスカイ、スパロー、ピーコックブルーなど全9色。張地の選択肢も多数。　イームズタスクサイドチェア　アプホルスター／133,100円（税込）～／ハーマンミラー　https://www.hermanmiller.com/ja_jp/

7. デザインや機能面から人気のセイルチェア。背面やフレーム、アームの色など10000通りから選べるだけでなく、座り心地も抜群。腰が丸くならずに、背骨を正しい位置に保つことができるように考えられた設計です。環境への配慮からパーツを少なくしながらも、最大159kgまで支えます。　セイルチェア／85,800円（税込）～／ハーマンミラー　https://www.hermanmiller.com/

6

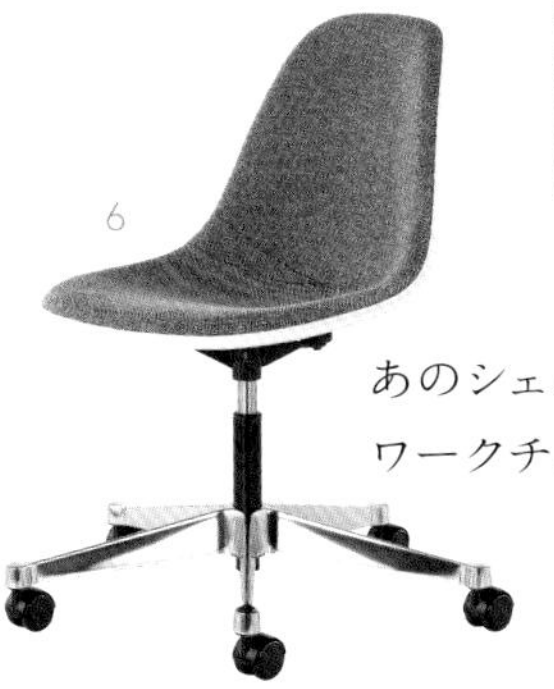

あのシェルチェアの
ワークチェア

インテリアになじむ
優しいデザイン

5

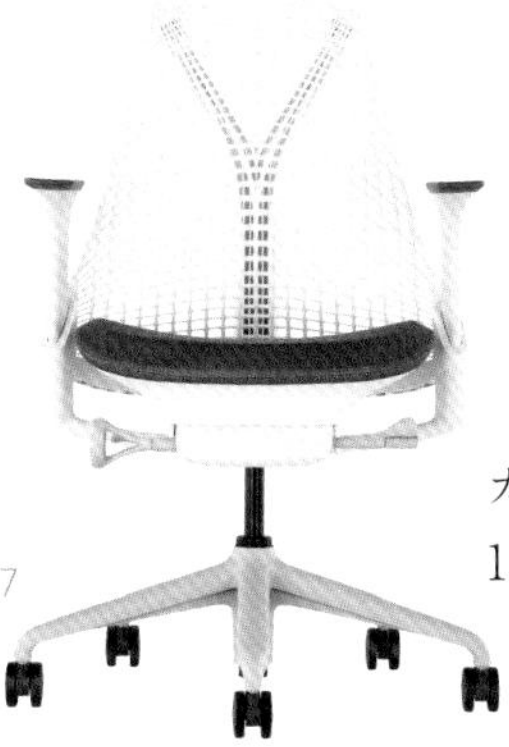

7

カラーの組み合わせ
10000通り！

高機能

最新技術が駆使されたワークチェアの中から、10万円以下で購入できるものを。予算に応じて、肘パーツや腰部をサポートするランバーサポートなどをプラスすることもできます。

8. 身体にフィットする座り心地を追求したオフィスチェア。背もたれはレバーひとつでカーブの具合を調整でき、座面は硬さの異なる3種類のウレタンでしっかり支えるつくり。直立～後傾で23度、直立～前傾で10度でリクライニングの調整も可能。カラーバリエーションも豊富です。　シルフィー／81,510円（税込）／オカムラ　https://www.okamura.co.jp/

9. 人間工学をもとに考えられた、長時間座っても疲れにくいチェア。エラストメリックメッシュ素材で体圧を分散させ、体温や湿気をこもらせません。最大24.9度までリクライニングでき、休憩時も快適。メッシュ生地12色のほか、高級感あふれる革張り2色（黒、茶）もあり。　エルゴヒューマン ベーシック／82,280円（税込）／エルゴヒューマン　https://www.ergohuman.jp/

10. 座った際の衝撃を吸収する弾性メッシュや、体圧を分散させるモールドウレタンを使用。体重に合わせ、最適なロッキングの強さに自動調整します。張地は全11色。脚は、樹脂脚（ホワイト・ブラック）、アルミポリッシュ脚、肘のありなしを選択可。インテリアになじむデザインにもこだわっています。　ファブレ／88,000円（税込）／コクヨ　https://www.kokuyo.co.jp/

8

どんな形の背中も
きちんと受け止めます

9

座り心地を調整し
身体の負担を軽減

デスクワークに適した
姿勢を保てます

10

2章
リビングダイニングにワークスペースを作る

ちょっとリビングに余裕があったり、
リビングとダイニングがひとつながりだったりする場合、
どこかにデスクを置くことも可能です。
一角にワークスペースがあれば、
仕事に集中することができますし、
合間にうまく家事をこなすことも可能でしょう。

問題は、インテリアになじむワークスペースを作れるかどうか。
家族がくつろぐ場であるリビングダイニングで
オフィスっぽさが強く出てしまうのは避けたいものです。

どんなデスクを選び、
どんな風に仕事道具を配置したらいいのでしょうか。
インテリアに違和感なくなじませたワークスペースを作っているお宅を
5軒紹介します。

04

整理収納アドバイザー　能登屋英里さん

リビングに合うデスクをオーダーし、インテリアになじむワークコーナーに

LDKはひとつながりなので、ワークスペースが浮かないよう、インテリアに統一感を持たせています。

デスクは、幅90×奥行き50cmのものを2つオーダーしたそう。
夫婦それぞれノートパソコンを使っているので、スタンドを活用。目線を上げて姿勢をよくする工夫をしています。

テレワークの決まりごと

○仕事スペースもインテリアとしてなじませる
○仕事はデータ化して、どこでも見られるようにする
○必ず着替えてメイクをし、仕事のスイッチを入れる
○お昼休憩の時間を決めて、しっかり休む
○家事は夫婦で分担して、お互いに無理をしない

Profile

能登屋英里さん

整理収納アドバイザー

https://www.instagram.com/eiriyyy_interior/

夫と娘の3人暮らし。アパレルショップに勤務し、国内外の店舗でのディスプレイを担当。整理収納アドバイザー1級の資格を取得し、独立。現在は個人宅のアドバイスのほか、雑誌やモデルルームでの収納スタイリングなども手がけている。

Data

● 52㎡／1LDK＋WIC

● 分譲マンション

● ワークスタイル

週に3から4日ほど、9:00から17:00まで自宅で作業。夫も週に5日のテレワークになったため、リビングにワークスペースを設置した。ときどき、気分を変えてダイニングテーブルで仕事をすることもある。

デスクの背面は娘さんの絵本やおもちゃなど。リビングは家族が過ごす場所でもあるので、できるだけデスクはコンパクトに。

片づけに悩む人の物量を把握して整理し、収納方法を考える。さらに、インテリアとして完成させ、維持できるようにする。能登屋さんの整理収納アドバイサーの仕事は、多岐にわたります。さぞかし資料や書類がたくさんかと思いきや、デスク上は見事にすっきり。「お客様の家と自宅を行き来するので、できるだけデータ化してコンパクトにしています。以前はダイニングテーブルで仕事をしていたので、食事の際にすぐ片づけられるようにという理由もありました」

新たにリビングへデスクを置いたのは、ご主人のテレワークに伴ってのこと。課題は、LDKに違和感なくなじませることでした。新しいデスクの天板にはチャコールグレーの化粧板をセレクト。また、リビングは、家族がくつろぐ場でもあるので、邪魔にならず、なおかつ、仕事のしやすいサイズを模索。「いいものが見つからなくて、知り合いの木工屋さんにオーダーしました。脚はネットで見つけたアイアンをつけてもらって」

夫婦それぞれの机にし、間に収納棚を置いたり、向かい合わせに置いたりと、フレキシブルに使えるようにしています。「いつかは子どもの勉強机に使おうと思っています」と、ライフスタイルに合わせられるようにして、快適なテレワークを過ごしています。

デスクの間には棚を置いて、両サイドから使いやすいようにしています。
椅子は左が「セイルチェア」、右が「トイチェア」

夫婦それぞれの仕事道具を
片づけやすく、取り出しやすく

1. かごは夫婦それぞれの仕事道具を分類し、使う時にデスク上に移動させる仕組みに。能登屋さんはサイズを計算する電卓や充電のコードなどをまとめています。 2. デスクの間の棚は、「無印良品」のもの。引き出しと家族の文房具用にツールボックスを入れています。「ツールボックスの中も、クリアケースで分類。家族それぞれがよく使うものだけを出し入れしやすくしています」

息抜き、気分転換のおとも

3.「ハンドドリップでコーヒーを淹れていたのですが、夫が家にいる時間が増えて、手軽にできるコーヒーメーカーも使うようになりました」。すべてを丁寧にやろうと無理せずに、メリハリをつけるのが能登屋さん流です。　4. もともとグリーンは好きだったものの、自宅で過ごす時間が増え、さらに新たに大きな「コウモリラン」を購入。照明用のダクトレールにS字フックを使って吊るしています。　5. 姿勢に気をつけてパソコンに向かっていても、集中するとどうしても肩こりや腰痛が出てしまうもの。合間にストレッチポールで身体を伸ばすようにしているのだそう。

持ち運びしやすいよう、ノートパソコンを使っているため、デスク上にはスタンドを。「インテリアになじむものを探して、マットな黒のものにしました」。「Klearlook」のもので折りたたみも可能。

仕事に関することはデータ化しているとはいえ、もちろん紙の資料もあります。「無印良品」の書類ボックスにひとまとめ。これも仕事の時だけデスク上に置き、終わったら棚に戻します。

娘さんがリビングで遊んでいる時はダイニングで仕事をすることも。
キッチンで夕飯の準備をしながらという時にも便利です。「ときどき移動すると、目線が変わっていいなと思っています」

気分を変えて、ダイニングテーブルに移動することも

リビングは天井からのスポットライトで仕事をしますが、ダイニングではペンダントライト。「昼間は明るいので照明なしでもいい。暗くなったら、スポットと併用すれば十分です」

1

1. 能登屋さんの主な仕事道具。データ化しているのでコンパクトだからこそ、移動も楽です。パソコンとiPadはどちらでも同じデータが見られるように。「Apple Watchではメールや SNS、予定の通知が来るので、家事をしている間もチェックできて便利です」
2. パソコンスタンドがあるだけで、以前よりもダイニングテーブルでの仕事で疲れにくくなったそう。

2

05

ライター　加藤郷子さん

デスク周りに収納をまとめ、開放感あるリビングで仕事をする

リビングの窓に向かって配置したワークデスク。いつでも窓の外の緑が目に入り、気持ちよく仕事ができる環境です。

デスクは必要な奥行きと幅を考えてオーダーしたもの。
右サイドには「BISLEY」の引き出し、左サイドにはオープンの棚を入れて収納力をアップしています。

テレワークの決まりごと

- 仕事はデスクで。ソファなどには移動しない
- どんな小さな文房具も定位置を決める
- 収納場所からはみ出るものは、きちんと見直す
- 便利なガジェットを取り入れて効率よく
- 窓の外の緑やアートなど、心地よさを大切にする

Profile

加藤郷子さん

ライター

夫と2人暮らし。出版社に勤務後、フリーのライター、編集者に。インテリアや食など、暮らし周りの書籍や雑誌を手がけている。間取り図を見るのが好きで、趣味は不動産めぐり。

Data

- 58㎡／1LDK
- 分譲マンション
- ワークスタイル

週に5から6日ほど、だいたい7:30から19:00まで自宅で作業。フリーとして独立して以来、自宅で仕事をしているので在宅ワーク歴は長い。撮影や取材以外は、基本的にパソコンに向かっての仕事が中心。

外の緑だけでなく、ベランダにもグリーンを置いています。オリーブのほか、ハーブ類もたくさん。

フリーランスで仕事をし、家にいる時間の長い加藤さんにとって、窓からの眺めはとても大切なもの。都心でありながら、窓一面に緑が広がる今の物件は、希望通りのものでした。ひとつながりのLDKの一角をワークスペースにし、仕事机は窓に向けて配置。「リノベーションする時には、机の場所を決めていたので、棚やコンセントの位置もそれに合わせて作ったんです」

デスクの背面に本棚があるので、振り向けばすぐに雑誌や書籍を見ることができます。デスクの両サイドには収納棚を設けて、仕事の書類を整理整頓。よく使う文房具はツール立てやマグネットを利用してパッと手に取れるように。読みかけの本やとりあえずとっておく資料はワゴンにまとめて。リビングの一角ながら、仕事をするための細やかなアイディアが詰め込まれています。「どうすれば面倒じゃなく、効率よくできるかを考えるのが好きなんだと思います。ほら、これも」と見せてくれたのは照明用のリモコン。裏にマグネットを貼ってワゴンにぺたり。小さなことかもしれませんが、積み重なれば仕事の効率化につながります。リビングの一角でも集中できるのは、念願の窓からの緑に加え、そんなアイディアの集積ゆえのことなのです。

小さいながらも便利なコツが詰まったワークスペースに

リノベーション時にデスクの位置を決めていたので、背面は本棚に。資料として保管しておきたい雑誌や書籍などをまとめています。振り向けばすぐに手が届いて便利。

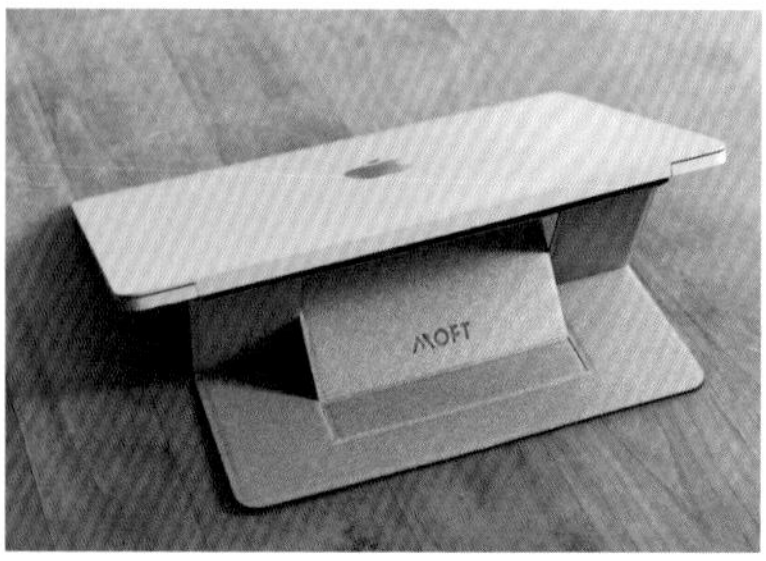

ノートパソコンには「MOFT」の折りたたみできるスタンドを活用。キーボードは「logicool」のもので、iPadなどを立てられるタイプ。「テンキーがあるのでとても便利です」

本棚の脇にある棚には、スマホの充電用にコンセントを仕込んであります。机の脇の壁にもコンセントが。「下にあると、かがまないといけなくて不便ですよね。使う位置がわかっていたので、リノベの時にお願いしました」

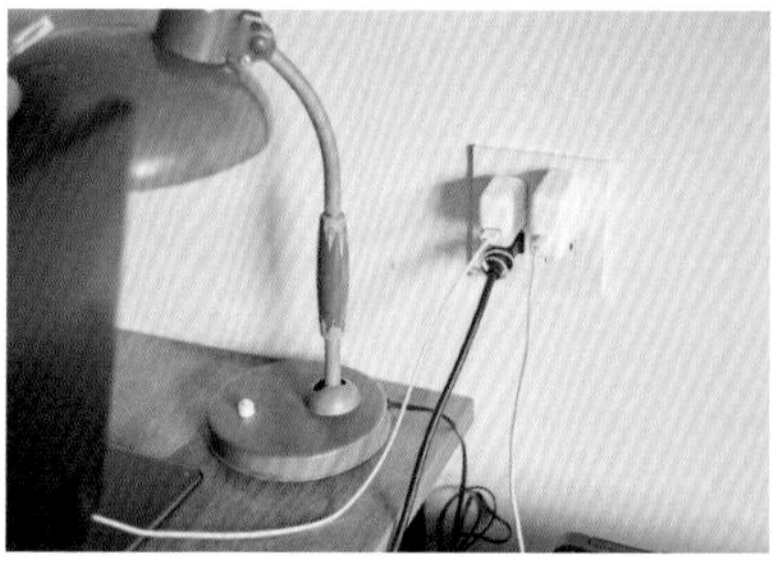

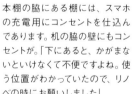

1.棚に扉をつければすっきりしますが、ひと手間増えることで元に戻すのが億劫に。その代わり、それぞれの本の背表紙をそろえてすっきり見せています。　2.本棚前にある「IKEA」のワゴンには、仕事用のバッグと、読みかけの雑誌や読み終わった本、取材ノートなど。上段は出し入れする頻度が高く、保管するか迷っているものの一時置き場でもあります。上段の手前に貼ってあるのが照明のリモコン。

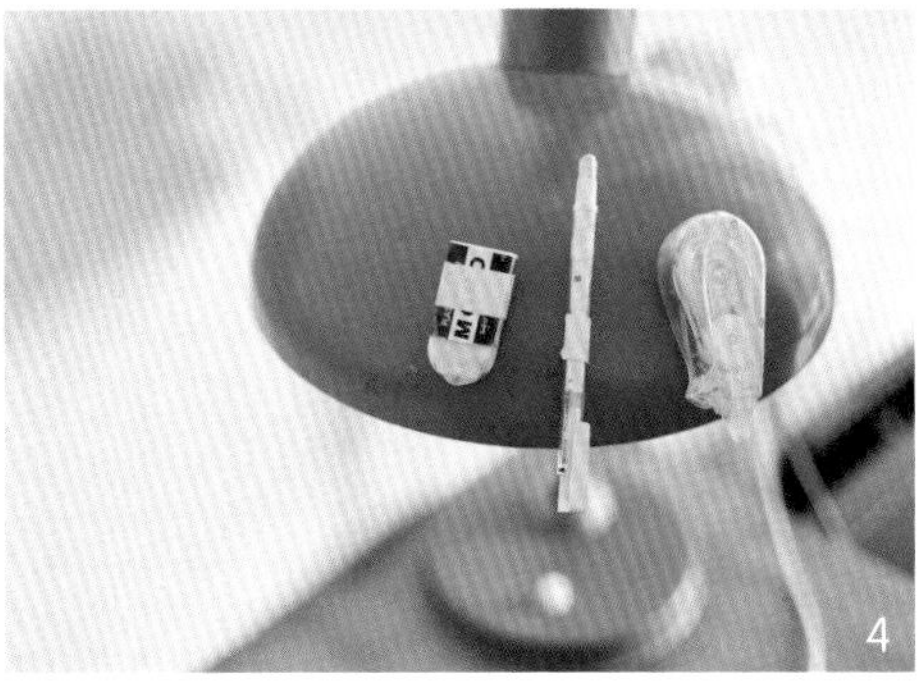

3.現在進行中の仕事の書類は、机サイドに置いた「IKEA」のレタートレイに。一段にひと案件としてわかりやすくし、マスキングテープでラベリングしています。　4.「『消す』シリーズです」と見せてくれたのが、ライトのシェードについた文房具。それぞれにマグネットを貼り付けただけですが、どこかに紛れることなく、さっと手に取れて便利なアイディアです。

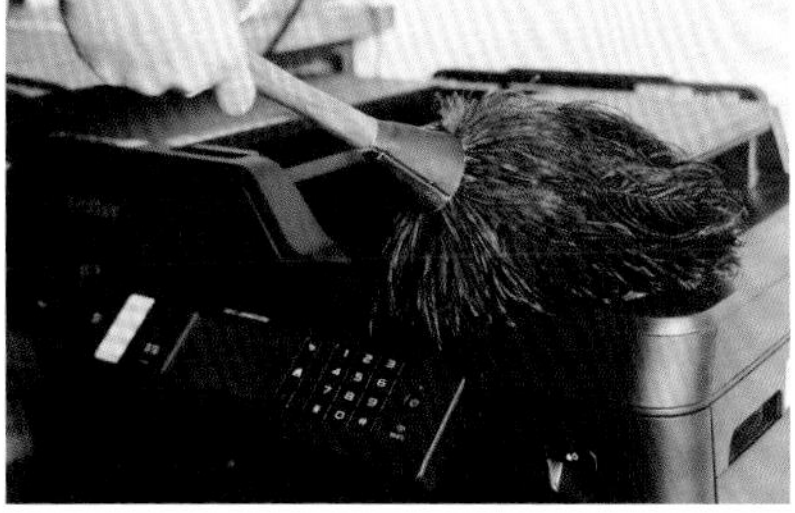

プリントアウトやスキャンすることが多いため、自動ソーター機能のあるプリンターを使用。キャスターつきの台に乗せて、掃除の際には移動しやすく。

横に広がる窓一面、緑で覆われています。仕事中、パソコンから視線をあげれば目に入ってリフレッシュに。キッチンで料理している時も、もちろん、食事をしている時にも楽しめます。

室内にもさりげなくグリーンや花を飾り、壁には好きなアーティストの作品もかけて楽しんでいます。「ちょっと花の水を取り替えるとか、絵の配置を考えるだけでも気分転換になります」

仕事終わりは、ワークスペース側のライトを消し、リビングダイニングでお酒とともにゆっくり夕食。夫婦それぞれひとりがけのソファでくつろぐスタイルです。

息抜き、気分転換のおとも

リビングでのワークスタイルを気に入ってはいるものの、ご主人が休みの日はちょっと別。「仕事中に、夫が映画を観たり音楽を聴いたりしているのが気になることも」。コードレスにできるテレビを寝室に持ち運ぶこともあるそう。

仕事中はあまりおやつを口にしないという加藤さん。ちょっとお茶を飲んで休憩という時のおともは、煮干しやおせんべいなど渋好みです。

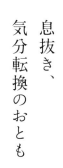

06

インテリアコーディネーター　小針千紘さん

リビングとのつながりを大切に、押し入れをデスク代わりに使う

4.5畳の洋室と6畳のDKをつなげて広々と使って、奥にある押し入れをワークスペースに。はずした押し入れの襖は別の部屋にしまっています。

仕事をしない時は、少しでもオフィスっぽさをなくすために、ダイニングチェアにチェンジ。
メイクや読書などプライベートはこの状態で使います。

テレワークの決まりごと

- 通勤時と変わらない服装に着替えてスイッチを入れる
- 仕事中は、LINEやSNSの通知音はオフにする
- 通勤がないぶん、朝10分だけヨガをして、身体を動かすように気をつける
- 集中力が切れたら、デスクから離れてコーヒーを淹れる
- 仕事が終わったら、オフィスチェアやキーボードなどをしまってプライベートに切り替える

Profile

小針千紘さん

「STYLICS」インテリアコーディネーター

ひとり暮らし。インテリアショップ「STYLICS」勤務。お客様の暮らしや好みに合わせたコーディネートの仕事を経て、現在はマーケティングや法人向けのインテリア提案を行う。古い物件を自分らしく工夫して住むのが好き。

Data

- 43㎡／3DK
- 賃貸マンション
- ワークスタイル

週に1から2日ほど、10:00から19:00まで自宅で仕事。テレワークが導入されたことをきっかけに、それまでドレッサーとして使っていたスペースをデスクに変更し、家でのワークスタイルをより整えるようになった。

古いりんご箱を棚代わりにしてソファサイドに。DKでは北欧製の古いチェストを使うなど、家具は味わいがあるナチュラルな木製のもので統一。

部屋の間の襖を取りはずし、開放感のあるLDKにしている小針さんのお宅。リビングとして使っている部屋にある押し入れをワークスペースにしています。とはいえ、とても押し入れだったとは思えないほど、リビングの一部としてなじんでいます。「もともと、押し入れの中まで壁紙が貼ってあったことが大きいと思います。この家に住み始めてすぐに襖をはずして、ドレッサーとして使っていたんです」。テレワークが始まり、会社からのパソコンやオフィスチェアが運び込まれることに。仕事の資料を入れる棚や引き出しを取り入れたり、配線を隠したりなどして、ワークスペースとして環境を整えてきました。

大切にしたのは、統一感を出すこと。棚や引き出しは、リビングの家具と同じテイストを選び、奥の壁は収納で埋めずに余白を残しています。「さらに、仕事が終わったら、パソコンやマウスなどオフィス感のあるものをしまって、オフィスチェアも普段の木製のものに変えるようにしています」。オンとオフの切り替えをきちんとしていることがわかります。コンパクトながらも、インテリアコーディネーターとしての技が存分に盛り込まれているワークスペース。リビングでも違和感なく存在するのは、少しの手間も惜しまずに、オフィス感を払拭しているからなのでした。

家具やものの置き方を工夫して、リビングになじむワークスペース

押し入れの中で使っている棚や小引き出しは、古道具や「無印良品」のもの。
リビングで使っている他の家具と色みを揃えて統一感を出しています。

仕事中に使っている椅子は「オカムラ」のバロンチェア。座面の高さ調節ができるので、押し入れにも合わせられます。「座り心地は抜群にいいです。仕事が終わったら別の部屋に隠しています」

足元は仕事の書類やビジネス本などを隠して収納。「背面のないボックスタイプの棚を選んで少しでも圧迫感がないようにしました」

1. オフィス感を出さないよう、デスク上には好きな雑貨を飾るスペースを作っています。上段に置く本も趣味のものに限定し、仕事用は足元へ。　2. 仕事用のライトは「IKEA」のクリップ式のもの。押し入れ内の壁に「無印良品」の飾り棚を取り付けたので、そこに挟んで使っています。「夜はリビングにあるメインの照明をつけるので、これで十分です」　3. 入居時から押し入れの中には白い壁紙が貼ってあったそう。「押し入れの中もリビングの延長に見えてつながりができます」

下段の左側には「IKEA」のワゴンを入れ、もともと日用品などの収納に使っていました。テレワークになってから一段空け、仕事終わりにパソコンやキーボード、マウスなどインテリアになじまないものをしまってリセット。

「押し入れの難点は、コンセントがないので配線がどうしても見えてしまうこと」と小針さん。専用のボックスを用意し、クリップを使ってまとめて入れ、布で隠しています。

細かなところも気を抜かず、使いやすい収納に

1.「無印良品」のスタッキングシェルフをL字に配置して、本などの収納に。マスキングテープは選びやすいようガラス瓶にまとめています。　2.小引出しの中もきちんと整理整頓。サイズの合うインナーケースを探し、クリップやペンなど細かいものを分類しています。「どこに何があるかパッと見てわかるようにしておきたくて」　3.仕事中によく使う付箋は小さなトレーにまとめて棚におき、使う時だけ出すスタイル。使用頻度の高いものは取り出しやすくしています。

集中力が切れたなと思ったら、お湯を沸かしながら豆を挽き、ハンドドリップでコーヒーを淹れるのが小針さんの日課。「ひとつひとつの工程を丁寧にやるとおいしくなるし、気分転換にもなります」

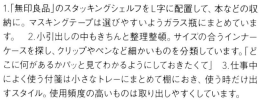

息抜き、気分転換のおとも

少しずつ増えてきたというグリーンを手入れするのも息抜きの時間。多肉植物の鉢植えやコウモリランを吊るして楽しんでいます。

手軽にリフレッシュしたい時には香りを使うことも。「ビサビー」のルームスプレーを愛用。「甘い香りより、さわやかなものが好きで『マウンテンフォレスト』という香りを使っています」

ソファの対面にあるキッチン。吊り下げ収納をうまく使って、調理道具を取り出しやすくしています。「家にいる時間が増えたので、これからはもっと料理にも力を入れるようにしたいです」

07

「ACME Furniture」「journal standard Furniture」プレス

勝山龍一さん

木のあたたかみを大事にし、好きなアウトドアグッズをうまく活用する

キャンプグッズをたくさん持っている勝山さん。仕事中も保温・保冷効果の高いタンブラーを活用しています。

Data

- 72㎡／2LDK 分譲マンション
- ワークスタイル

コロナの影響でテレワークになったが、現在は頻度が減り、週に1日ほど、9:00から18:00まで自宅で仕事をしている。社内に限らず、仕事相手などと話すことが多い仕事のため、オンラインミーティングが多い。

Profile

勝山龍一さん

「ACME Furniture」「journal standard Furniture」プレス

妻と息子の3人暮らし。アパレル会社ベイクルーズにてセールスアドバイザーを担当した後「ACME Furniture」「journal standard Furniture」のプレスとして働く。キャンプ好き。

テレワークの決まりごと

○仕事時の服装に着替え、髪型を整える
○オンラインミーティングでは温度感や感情が伝わりにくいことがあるので、気をつける
○仕事に煮詰まったら、近所の公園まで歩く
○通勤時間がなくなったぶんは、リフレッシュの時間としてジョギングや睡眠にあてる
○コーヒーは、ハンドドリップで淹れて、気分転換に

新築のマンションをリノベーション。ダイニングの壁一面を「toolbox」の古木タイルを貼って木のぬくもりを感じられる雰囲気にしました。ワークスペースはその壁に向かったコーナーに設置。

勝山さんのＬＤＫでまず目を引くのが、古木のタイルが貼られた壁。「大きな公園が近い場所を優先して物件を選んだので、内装は自分で考えることに。家でも木のぬくもりを感じられるようにこの壁にしました」。ワークスペースは、その壁に向かうようにしてデスクを設置して作っています。とても快適そうに見えますが、じつはテレワークが始まった当初は、自室で仕事をしていたのだそう。「でも、窓のない部屋にこもっているのがつらくなって。ここなら家族の邪魔にならないだろうという場所に整えました」

自社で考案したデスクのほか、好きなアウトドアのグッズもふんだんに取り入れて快適なワークスペースに。キャンプで使う照明をデスクに取り付けたり、アウトドアに持ち運ぶタンブラーを仕事中に使ったり。ワークスペースを作ることや、仕事の時間でさえも、工夫次第で楽しめるのだということが伝わってきます。それは、新築マンションだからと諦めなかった姿勢と同じことなのかもしれません。仕事だからとオフィス感のあるもので我慢するのではなく、好きなテイストやグッズをどうしたら取り入れられるか考えてみる。勝山さんらしいワークスペースができたのが、その証しです。

ダイニングのすぐ横にワークデスクを設置。
部屋のコーナーなので家族の動線の妨げにもならず、仕事にも集中できる空間になりました。

アウトドアグッズをほどよく取り入れて仕事を効率よく

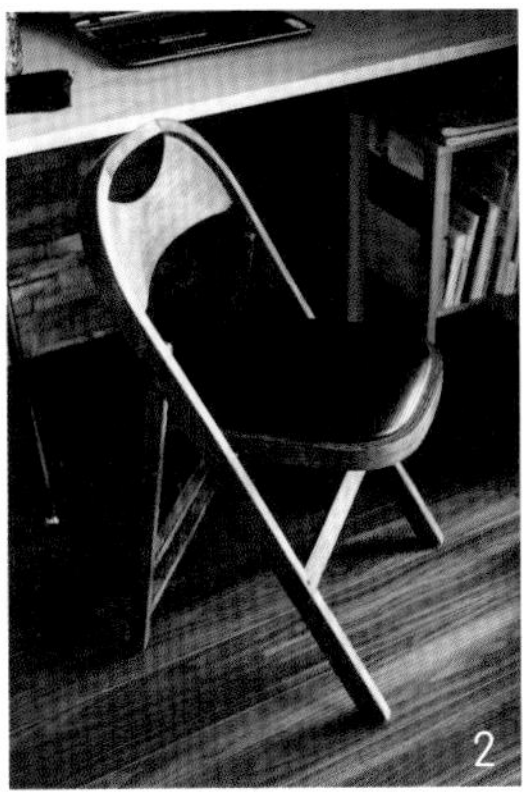

1. デスクは「journal standard Furniture」とオフィスメーカーの「アスクル」とのコラボで作ったもの。コンパクトなサイズなのでダイニングでも圧迫感がなく、天板には配線用の切り込みもあって便利。
2. テレワークになってから取り入れたという「ACME Furniture」の椅子。「クッション性があるので、座っていても疲れない。それに折りたたみできるので使わない時はしまっておけます」

ライトはキャンプ時に使うものを活用。「ALDEBARAN」のランタンスタンドをデスクの天板に挟んで使っています。ランタンシェードは「BALLISTICS」のもので、取り付けることで手元がより明るくなります。

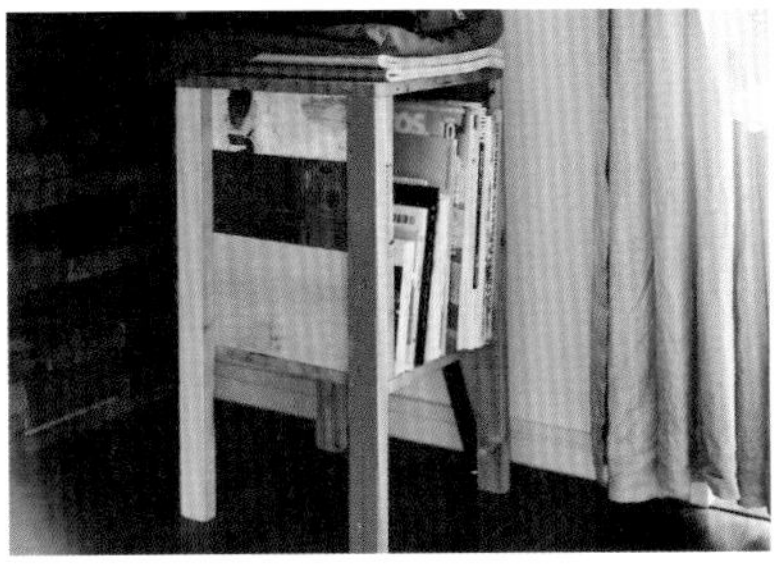

サイドテーブルには仕事中に手にするデザイン本や資料を入れています。以前から好きで集めているというオランダのデザイナー、ピート・ヘイン・イークのもの。

パソコンや充電器、カメラなどのガジェットは、それぞれ分類してキャンプ時にも使うポーチに入れて。防水性が高いので、安心です。

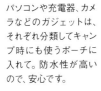

「植物の世話も気分転換になります。でもマメじゃないので手がかからないものばかり生き残りました(笑)」。マメではないと言いながらも、キッチンワゴンにまとめて、日当たりに合わせて移動できるようにしています。デスクの脇にはドライにしたものを飾って。

息抜き、気分転換のおとも

ダイニングなので、あまり強くない爽やかな香りを取り入れています。「瓶に入っているのは『サンタ・マリア・ノヴェッラ』のポプリ。安いものじゃないので、しつこく混ぜては使っています」。右は「APOTHEKE FRAGRANCE」のミストスプレー。

仕事に煮詰まったり、ひと区切りついたりしたら、自分で豆を挽き、ハンドドリップでコーヒーを淹れて飲むのが日課。まとめて多めに淹れ、保温性の高いタンブラーに入れておけば、仕事中も味わえます。

キッチンカウンターの下にはラーチ材を使ってオープンな棚を設置。ダイニングでよく使うものをまとめています。コーヒーの道具や豆類もここに。

08

建築デザイン会社「エイトデザイン」
広報、グラフィックデザイナー
寺嶋梨里さん

壁の幅に合わせた長いデスクがリビングでの仕事スペースに

デスクや収納棚はもともと持っていた家具のトーンに合わせて造作。リビングにきちんとなじんだワークスペースになっています。

手前が寺嶋さん、奥がご主人の仕事スペースです。ディスプレイの高さに合わせて変えたチェアは、オランダの古いもの。
「長時間座っていて疲れたら休憩にします」

テレワークの決まりごと

Profile

寺嶋梨里さん

建築デザイン会社「エイトデザイン」広報、
グラフィックデザイナー

夫と猫の2人と1匹暮らし。住宅のリノベーションやオフィスデザインなどを手がける「エイトデザイン」にて、広報とグラフィックデザインを手がけている。プライベートでは古いビルなどについてのリトルプレスを作っている。

Data

- 68㎡／1LDK
- 分譲マンション
- ワークスタイル

テレワークが始まった当初は週に4日ほど、9:00から18:00まで自宅で作業。仕事のほか、自身の活動もあるため、ワークスペースは常に稼働している。

- ○きちんと仕事着に着替えて仕事を始める
- ○決まった時間に昼食をとり、おやつ休憩をもうけて、きちんと休む
- ○通勤にあてていた時間をデスク周りの掃除に使う
- ○始業と終業時間をきちんと守り、残業はしないようにする
- ○リビングに洗濯物を干しっぱなしにしないようにする

ワークスペースの横は寝室。壁に室内窓を作ってゆるいつながりを持たせています。

リビングの壁沿いに長いデスク。ここが寺嶋さんとご主人のワークスペースです。じつはテレワークになる前、リノベーションをする時に既にこのスペースを作っていたのだそう。「夫がたまに仕事を持ち帰ることがあったり、私が趣味でリトルプレスを作ったりしているので必要だったんです」。夫婦で並んで作業ができるよう、長いデスクを作り、それぞれに収納棚を設置。さらに棚の中に電源を仕込んでデスク上がごちゃごちゃしないような工夫を盛り込みました。

そのまま快適に仕事が進んだかと思いきや、実際のテレワーク時には、変化もありました。「会社からひとまわり大きなデスクトップパソコンを持ってきたので目線が高くなり、チェアとのバランスが合わなくなったんです。自宅にあったなかから座面高の高いものに変えました」。また、ネット環境をよりよくするため、最新の無線ルーターを導入したり、休憩の時に手早く飲みものを入れたいからと電気ケトルを取り入れたり。さらには、思わぬ嬉しい発見もあったと教えてくれます。「会社よりも自宅の周りに飲食店が多いので、ランチでのテイクアウトが日々の楽しみになったんです」。自分にとっての快適さや日々の楽しみを追求することで、家での仕事がさらにいい時間になっているようです。

ものの分量に合わせた収納棚でデスク周りをすっきりと

デスクの天板下には、夫婦それぞれに収納棚を設けました。仕事やリトルプレスの資料、本などを。デスク上には現在進行形のものを置きっぱなしにしてもよしとしています。

下段は「無印良品」の書類ボックスを使って、掲載された新聞など保管しておきたいものを分類して入れています。缶の中は、寺嶋さんが作っているリトルプレスのバックナンバーが。

リノベーション時に、収納棚の奥の壁面に電源を仕込んであります。「デスク周りは何かとつながなくてはならないので、配線がごちゃつかないようにと考えました」。

好きな雑誌や持っておきたい本などは、玄関からダイニングに続く廊下にある本棚へ。ワークスペースからも近いので、必要な時にはすぐに持ってこられます。

息抜き、気分転換のおとも

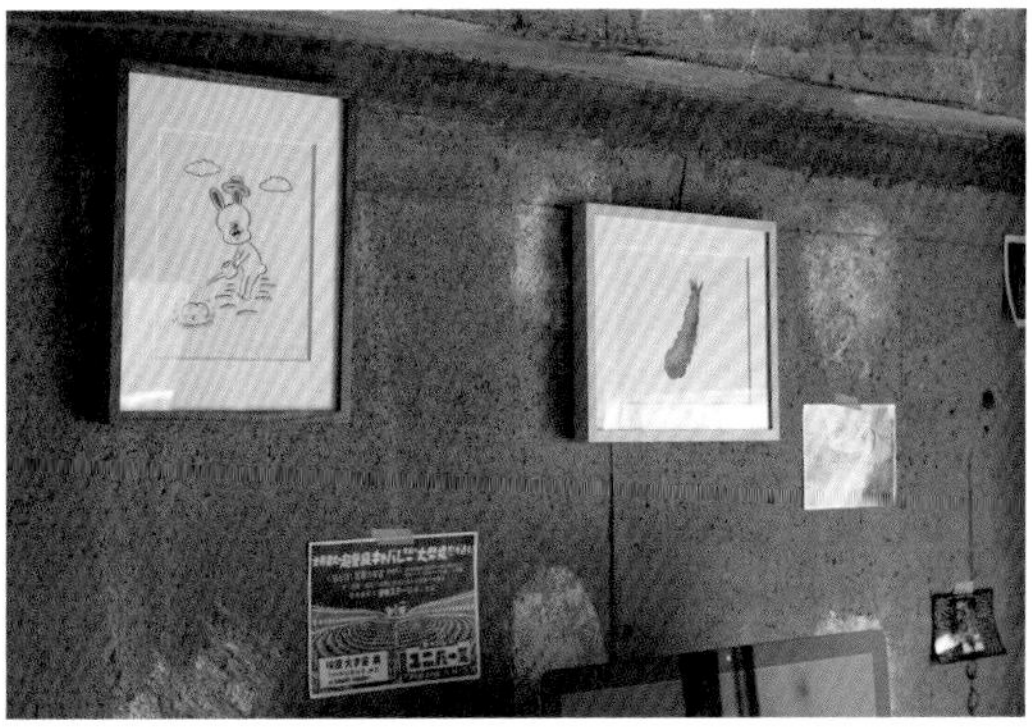

ワークスペースの壁には好きな絵をディスプレイ。気になる展示のDMを貼ることも。ひとつながりのLDKなので、オフィス感を出さずに空間になじませています。

1.ワークスペースの対面にあるダイニングキッチン。気分転換にお茶を入れたり、おやつを食べたり。　2.テレワークに伴って導入したという電気ケトル。「オフィスでは給茶器があってすぐにお茶もお湯も飲めたんです。家でもこまめに水分補給したいし、あたたかいものを飲みたいと思って。ほっとけるのでとても便利です」　3.昼食はあまり手をかけず、前日の残りものをアレンジしたり、テイクアウトを活用したり、ランチに出かけたり。「新たな飲食店を発見したりもして、楽しみが増えました」

愛猫の「ふぐ」との時間が何よりの息抜き。「どうしても遊びたくなってしまうので、仕事中は『猫に負けない』というのも大事な決まりごとかもしれません(笑)」

リビングでも使いやすいワークデスク

リビングで仕事をするなら、できる限り圧迫感がなく、インテリアになじむデスクがいいもの。
必要最小限のコンパクトなものだけでなく、折りたためたり、気軽に持ち運べたり、
好きなサイズにカスタマイズできるものを集めました。

コンパクト

階段の下や家具の間、壁際といった、ちょっとした空間に置けるサイズ。シンプルなデザインなら、インテリアの邪魔をせずになじみます。

機能美にあふれる
シンプルなデザイン

2

1

生活空間のスキマを
ワークスペースに

1. ノートパソコンに便利なコンパクトさ。天板下には、資料や文房具、パソコンなどを十分収納できます。ブナ、ポプラ材の優しい風合いが特徴。組み立てには工具不要。奥行き23cmのA4サイズが横置きで並ぶサイズの「Pallet DM」(25,300円・税込)もあり。幅79×奥行き39×高さ73cm。　Pallet PCH／30,800円(税込)／ideaco　http://www.ideaco-web.com/

2. 奥行きが狭く、キャスター付きで移動が楽ちん。金属や無垢材といった耐久性に優れた素材を使い、シンプルなデザインに。天板の下にはパソコンや書類を一時的に収納できるスペースも。幅100×奥行き36×高さ75cm。　フィエルボ ラップトップテーブル／7,999円(税込)／イケア　https://www.ikea.com/jp/

折りたたみできる

いつも置きっぱなしにしたくないなら、折りたたみ式を。使わない時は収納できて、移動も気軽にできます。運びやすい10kg以下のものを集めました。

木の風合いを活かした
ナチュラルな1台

3

ワンタッチで設置完了
仕事もキャンプ気分で

4

たたむとわずか 6.5cm
すき間に収納できる

5

3. 木目や節などの木の表情を生かしたパイン材のテーブル。使うほどに風合いが変化していきます。組み立てることも、折りたたむのも簡単にできるうえ、手ごろな価格も魅力。高さ35cmのローテーブルタイプもあります。幅80×奥行き50×高さ70cm。　パイン材テーブル・折りたたみ式／5,990円(税込)／無印良品　https://www.muji.com/

4. 2枚の天板を開くと同時に、内側から脚が現れるアウトドアテーブル。設置も収納も手軽です。天板は竹集成材、脚はアルミパイプのX構造で耐久性も抜群。天板の幅が広いロングモデル、低いローモデルも。幅90×奥行き72×高さ66cm。　ワンアクションテーブル竹／35,200円(税込)／スノーピーク　https://www.snowpeak.co.jp/

5. 折りたたむと奥行き6.5cmで、使わない時にはコンパクトに収納することができます。脚部を固定するロックはワンタッチ式。組み立ていらずの完成品で、すぐに使用できます。アジャスターがついているので、ガタつきも調整可能です。幅80×奥行き40×高さ70cm。　折りたたみデスク／5,999円(税込)／山善　https://book.yamazen.co.jp/

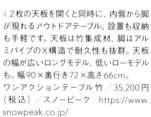

持ち運べる

ソファで、ベッドで、床の上で……気分によって、場所を移動して働くなら、持ち運べるタイプを。どんな場所でも、あっという間にワークデスクになります。

どこでも気軽に
スタンディングワーク

7

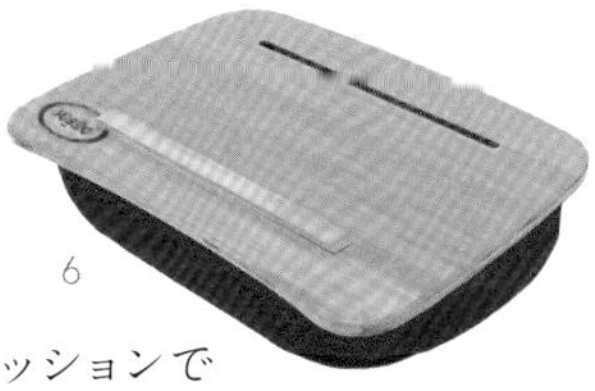

6

トレイとクッションで
膝上の作業も安定

6. ビーズクッションつきで、膝の上でも安定感のあるラップトップトレイ。トレイは放熱性に優れた竹製で、長時間使用しても膝が熱くなりません。ライムグリーン、ダークグレー、アクアブルー、レッド、ピンク、ネイビーブルー、ディープパープルの全7色。幅約47.5×奥行き約34×厚さ約9.5cm。 Traybo2.0／6,578円（税込）／Yogibo https://yogibo.jp/products/detail/trb2

7. これを置けば、どんな場所でもワークデスクに早変わり。高さ4.5cmから40.5cmまで簡単に6段階調整できる昇降タイプなので、スタンディングワークにも対応できます。ブラック、ホワイト、メープルの3色。キーボードトレーつきのデュアルタイプもあり。幅約680×奥行き約480 mm×高さ調整可。 卓上昇降デスク／13,200円（税込）／DMM.make https://distribution.dmm.com/desk/ld/

リビングで集中できる
半個室空間を

10

より集中したいなら

リビングにちょっとした個室を作ることができるタイプも。集中力がアップするだけでなく、壁面にメモを貼ったり、書類の収納に利用すれば、作業効率もアップします。

10. 高さ約120cmの仕切りつきのデスク。置くだけで約1平米の半個室空間が作れます。有孔ボードの仕切りには、吊り下げ収納をしたり、雑貨を飾ったり。仕切りはライトナチュラルとミディアムグレーの2種類、デスクはダークの1種。デスク幅82.7×デスク奥行き44.1×デスク高さ70×仕切り高さ120cm。 KOMORU／96,800円（税込）／パナソニック https://sumai.panasonic.jp/

カスタマイズ

なかなか自宅に合うデスクが見つからないという人は、カスタマイズするという方法も。パーツを取り入れてDIYをしたり、好きなサイズにオーダーしたりと、空間に合わせて、快適に。

幅を1cm単位で
カスタマイズできる

8

9

パーツを組み合わせて
好きなサイズの天板に

8. 幅60～180cmの間で、1cm単位でサイズオーダーできるデスク。天板は、水や汚れに強い合成樹脂素材で、丈夫なつくり。ホワイト、ミディアムブラウン、ダークナチュラル、ライトナチュラル、ホワイトウッドの全5色。 幅サイズオーダーデスク／13,800円～（税込）／dinos https://www.dinos.co.jp/

9. シンプルなデザインのテーブル脚。好きなサイズや素材の天板を用意すればOKです。厚みが18mm以上のものなら、取り付け可能。WTK-1（黒）、WTW-1（白）の2種類。1本あたり幅15 × 奥行き15×高さ69cm。 スチールテーブル脚／参考価格1本2,750円（税込）／平安伸銅工業 https://www.heianshindo.co.jp/

3章
フレキシブルなスペースを持つ

家で仕事をすることもあれば、
会社に行くこともある。
じっくり集中してこもる日もあれば、
打ち合わせなどで出かけることが多い日もある。
毎日が同じ状況ということは少ないかもしれません。

ワークスペースをしっかり作り込むのではなく、
仕事に限らずに使えるスペースの方が安心という場合もあるでしょう。
自由にフレキシブルに使えるスペースなら
状況が変わっても、臨機応変に使えます。

仕事も、趣味も、勉強も。
どんなことにも使える空間なら、
ライフスタイルの変化にも対応できます。
上手にフレキシブルなスペースを使いこなしているお宅を
3軒紹介します。

09

編集者 高橋七重さん

好きな場所を移動しながら、気分を変えて仕事をする

サンルームとして使っている部屋でも仕事を。小上がりになっているスペースに大きなクッションを置いて。

映画やドラマを見るのが好きだという高橋さんらしく、シアタールームがあります。今はここでアウトドア用のテーブルを置いて仕事をすることが多いそう。

テレワークの決まりごと

- 定時にきちんと仕事を始める
- 週に2、3日は、始業時間の前にランニングなどの運動をする
- 3食自炊して、バランスのいい食事を心がける
- 仕事中はラジオを聞きながら、情報収集する
- 長時間、同じ体勢でいないように、仕事する場所を変える

キッチンカウンターではスタンディングスタイル。「ダイニングテーブルでやってみたこともあるんですが、チェアが合わなくて腰が痛い。立つと楽だと気がつきました」

シアタールームで、サンルームで、キッチンカウンターで……。高橋さんの仕事のスタイルはその時の気分で変わると言います。「テレワークになってから、いろいろな場所で試したんです。集中できるのはシアタールームですが、ずっと座っているのはつらいので、時々カウンターに立ってみたり、グリーンのある部屋でやってみたり」。確かに、同じ姿勢を続けるのはつらいもの。場所を変えることでリフレッシュでき、集中力も高まるそう。さらに、それぞれの場所で快適に仕事ができるよう、キャンプ用のテーブルや大きなクッション、立ち仕事用のマットなどを導入。家中どこでもフレキシブルに働けるように、少しずつ環境を整えてきました。

じつは、テレワークになった当初は家での仕事に慣れず、始業時間ギリギリに起き、夜遅くまで映画を見たりしていた日も。「体調を崩してしまって、これではダメだと。朝きちんと起きて、軽くランニングをして、朝食もしっかり食べるように。通勤していた時よりリズムが整って健康的に生活できている気がします」。場所もグッズも、生活のリズムも、自分なりに合うものをあれこれ試してみる。フレキシブルに働けるのは、飽くなき探究心の結果なのです。

Data

45.2㎡／2LDK＋WIC
分譲マンション
ワークスタイル

週に4から5日、10:00から19:00まで自宅で仕事。撮影や取材で外出する以外は、基本的にテレワークで行っている。原稿を書いたり、ミーティングをしたり、パソコンを使う作業がほとんど。

Profile

高橋七重さん
編集者

ひとり暮らし。WEBや雑誌などの編集を経て、現在は住宅系WEBメディアの編集を手がけている。1年前にリノベーション会社「ブルースタジオ」を通してマンションを購入し、リノベーション。部屋ごとにカラーを変えて楽しい空間に。

いちばん光が入る部屋をサンルームに改装。本が日焼けするのを防ぐために、窓にはきちんとUVカットシートを貼っています。

ネットや知人からの
情報を指針に
ガジェットやグッズを
取り入れる

キャンプ用にと買ってあった折りたたみテーブル。「仕事のしやすい場所を探している時に試しに使ってみたら、私にはちょうどいい高さで。しまい込んでおくよりも活用できていいなと思っています」

シアタールームにある小上がり。座っている時間が長くなりそうな時は、「BodyDocter」のマットを活用。「お尻や腰が痛くなくなって快適です」

パソコンスタンドは「Nulaxy」の折りたたみ式を。「いろいろな人にいいものがないか聞いた結果、これがコンパクトになっていい、と」。家のあちこちで仕事をしたい高橋さんにぴったりです。

腰痛や肩こりを考えるとスタンディングが楽だという時も。「でも、足元が疲れてしまうなと思って見つけたのが、工場で立ち仕事をする時用の『疲労軽減マット』。すごく楽なんです」

サンルームの壁面は本棚に。仕事で使う資料や参考書籍などをまとめています。立てた本が倒れないよう、面で置いたり、横に倒したりと、書店での陳列法を取り入れています。

シアタールームとサンルームでは「yogibo」の大きなクッションにもたれるようにして仕事をしています。立てれば身体全体を支えてくれ、上に座ればチェアのようにも使えて便利だそう。これを寝室に持ち込んで仕事をすることも。

息抜き、気分転換のおとも

リノベーション時にサンルームを作ったというほど、グリーンが好きな高橋さん。
「仕事に煮詰まったら水やりをしたり、葉っぱを拭いたりして気分転換しています」

テレビを置かずに、プロジェクターで見るスタイル。仕事が終わったら好きな映画を見るのが楽しい時間。

テレワークになったことで、料理する時間が増えていい息抜きになっているそう。毎食作ることもあれば、週末に作り置きをしたものを活用することも。

息抜きとは違いますが、テレワークによって家にいる時間について考えることが増えたそう。「防災の意識も高まって、きちんとグッズを揃えるようになりました」

自炊することが増えて健康的になったはずが、ついお菓子を作りすぎて体重が気になった時期も。「シューズやウェアを揃えてランニングするように。グッズがあるだけでやる気が出ます」

10

ニットデザイナー　宮本直子さん

狭いからこそ、フレキシブルに使えるワークスペースを

玄関のたたきはあえて作らずに、土間にしてある宮本さん宅。スタジオとして使われることもあるので、ものは置かずに用途を限定しないように。

ダイニングで仕事をする時には、テーブルを壁づけにして、動き回りやすくしているそう。
テーブルやチェアはデンマークのブランド「HAY」のもの。

テレワークの決まりごと

- 部屋着ではなく、出勤するつもりの服に着替えてスイッチを入れる
- できるだけヨガや筋トレなどをして、身体を動かす
- ものは収納場所に隠すようにして、表に出さない
- 気分転換に仕事をする場所を変える
- 集中力が切れたら、思い切って昼寝をする

Profile

宮本直子さん

ニットデザイナー

夫と2人暮らし。アパレルメーカーでデザイナーとして勤めた後に、独立してフリーに。ニットを中心としたデザインを手がけるほか、自宅をスタジオとして貸し出す運営もしている。

Data

- 71㎡／1LDK＋1F ロフト＋2F ロフト
- 一戸建て
- ワークスタイル

週に2から3日ほど10:00から17:00まで自宅で仕事。打ち合わせなどで出かけることも多いが、デザインなどの仕事はほぼ自宅で行う。サイズの計測や型紙を取るなど、それなりに広いスペースが必要。

2階はダイニングキッチンと一段高くなった場所にリビングがあり、さらにロフトも。キッチン周りも、できるだけ扉つきの棚に道具や食材を収納してすっきり。

敷地面積は約8坪というわゆる狭小と呼ばれる宮本さんのお宅。しかし、玄関から入ってすぐの土間は、天井が高くてとても開放感のあるスペースです。ここで仕事をすることが多いと宮本さんは話します。「フレキシブルに使えるように、用途を決めずに作ってもらったスペースなんです。カウンターテーブルがあってデスクとして使えるので、フリーになってからは、ここで作業することが増えました」

もともとはアパレルメーカーに勤めていましたが、今は独立し、ニット製品を中心にデザインを手がけています。パソコンを使う作業のほか、サイズを計測したり、図面を確認したりと、広いスペースが必要になることもあります。「土間以外でも、ダイニングテーブルで仕事したり、気分を変えてリビングにいることもあります」。ハウススタジオとして貸しているということもあり、できる限りものを出しっぱなしにしない主義。日用品も仕事道具も、きちんとキャビネットに納め、はみ出るぶんは持たないと決めています。ダイニングテーブルの上もいつもすっきり。床にものが置きっぱなしにならず、家具の移動も楽ちんです。狭くてもワークスペースを持つことはできる。物量を見極めれば、フレキシブルに仕事ができるというお手本です。

色数を抑え、シンプルな家具を選び落ち着いて仕事のできる環境に

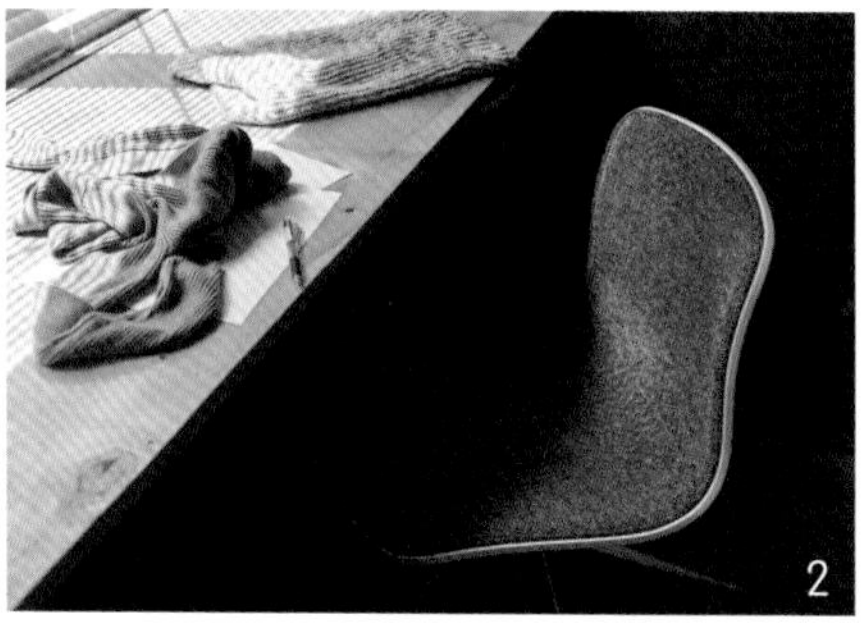

1. 玄関ドアを開けるとすぐにある土間のスペース。展示会などに使われることもあるので、土足で出入りできるようにしています。「南向きでまぶしいくらい光が入り、明るくていい空間なんです」
2. カウンターテーブルは折りたたみ式で、より空間を広くすることもできます。オフィスチェアとして使っているのはダイニングと同じく「HAY」のもの。

ダイニングの上にあるロフト部分の側面には、デザイン書などをディスプレイしながら収納。

ライトはデンマークの「menu」のもの。角度を変えることができるので、手元を照らしたり、壁に向けて間接照明にもできます。「シンプルなデザインなのですごく気に入っています」と、リビングでも同じものを。

ダイニングよりも一段高くなっているリビング。下の空間を活かして、よく手にする雑誌類を収納しています。夫で建築家の将毅さんの蔵書が多いそう。

ダイニングや土間には小さな鉢植えのグリーンを。吊るすことでグリーンの位置が高くなり、目によく入るだけでなく、床も広く使えます。

普段、仕事をしていない時のダイニングテーブルはこのようにして使っているそう。気分転換をしたいときは、お茶タイム。夫の将毅さんがテレワークになった時は、1階の土間とこのダイニングでそれぞれ仕事をしていました。

息抜き、気分転換のおとも

1階から2階への階段には宮本さんが好きな写真を飾っています。「家にいる時間が増えてきたので、これからもう少しアートを取り入れて楽しんでいきたいです」

3.リビングからの階段を上った先にあるロフトは、とにかくゆっくりくつろぐためのスペース。大きなテレビで映画を見たり、漫画を読んだりと、こもることができる空間です。

4.できるだけ、毎日時間を作ってヨガや筋トレをしているという宮本さん。床置きしているものはほとんどないので、ヨガマットもさっと広げられます。

「イエノLabo.」奥洞 僚さん 福隅直子さん

家にも外にも、仕事部屋を持ち、家事から離れる時間をとる

事務所として借りているマンション。気持ちよく仕事をするため、窓に向かってデスクを配置。

デスク以外にキャンプ用チェアとオリジナルのローテーブルで作業をすることも。どちらもコンパクトになるので、自宅へ持って行くこともできます。

自宅の仕事部屋。主に奥洞さんがWEBデザインをする際に使うことが多いそう。長いデスクとボックス家具を組み合わせて、作業しやすい環境に。

Profile

奥洞僚さん　福隅直子さん

「イエノ Labo.」運営
夫婦と子どもの3人暮らし。奥洞さんと福隅さんが企画、デザインしたものを、鳥取県米子市の工務店が製作し、WEBショップ「イエノ Labo.」で販売。同サイトの運営や商品セレクト、WEBサイトのデザインなども手がけている。

Data

自宅85㎡／3LDK　事務所55㎡／2LDK
賃貸マンション
ワークスタイル
週に4から5日ほど、8から10時間、自宅や事務所で作業。パソコンでのWEBサイトの更新や商品撮影などの仕事をしている。それぞれが自宅のワークルームと事務所を行き来するスタイル。

テレワークの決まりごと

- 夫婦それぞれ集中できるよう、別の部屋で仕事する
- 集中して仕事をしたい時には、事務所にこもって家事を気にしない
- お昼の休憩は、長引かないように1時間を厳守する
- 子どもが家で友達と遊ぶ際は事務所に行くようにする
- 家族が使う場所でもあるので、リビングには仕事を持ち込まない

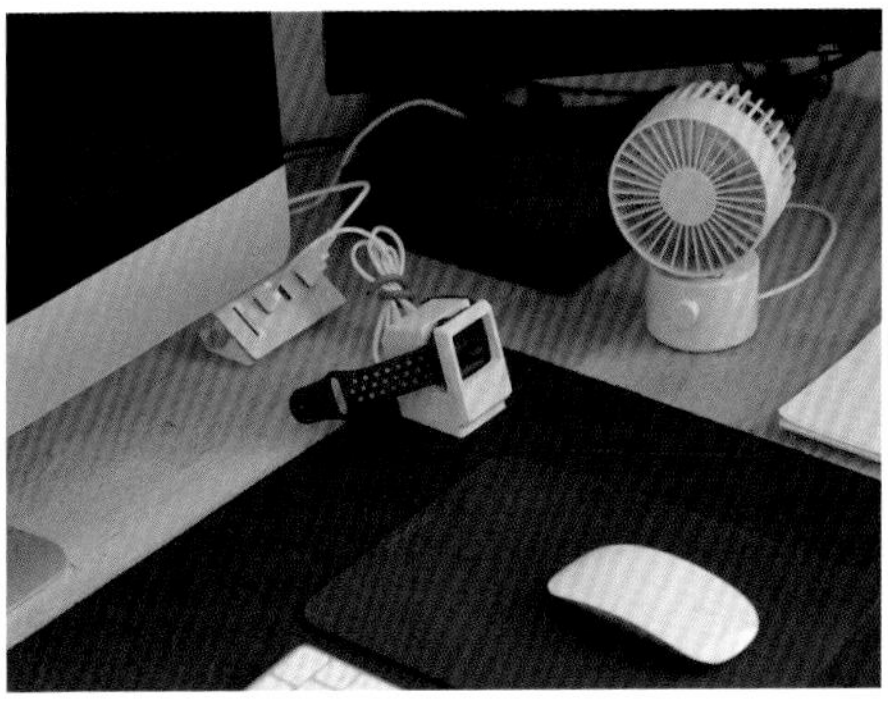

AppleWatch専用のスタンドは、昔のパソコン型をモチーフにデザインされたもの。デスクの上のちょっと和める存在です。

新しい商品を考え、使い勝手を確かめて改良する。商品化したら、撮影して販売ページをデザインする。オリジナルやセレクトの家具や雑貨を扱う奥洞さんと福隅さんの仕事はとても幅広いものです。「自宅にも仕事部屋はありますが、そこだけでは難しいので事務所を借りています」。いわゆるオフィスのようなスペースではなく、マンションの一室。家具や雑貨を実際に使いながら仕事をしているので、自宅の延長のような空間です。「夫婦で仕事をしているので、撮影以外はそれぞれ別の場所で集中できるようにしたいんです」と話すように、どちらでもパソコンに向かえるデスクが。日々の家事をこなす福隅さんにとっては、事務所はより集中しやすい空間だそう。「家にいるとついごはんの支度をしたり、掃除をしたりと仕事の合間にも家事をしてしまう。でも、事務所があると強制的に切り替えられていいなと思っています」。中学生になる息子さんにとって、家は生活の場です。「友達が遊びに来る時に『仕事をしているから静かにして』とは言いたくない。そういう意味でも事務所があると便利です」

事務所では、あれこれ試したり、作ったりして、快適さを追求する。ふたりにとって、実験の場であり、ワークスペースであり、適度に家から離れられる場でもあるのです。

暮らしを快適にするものを実際に試して、伝えるワークスペース

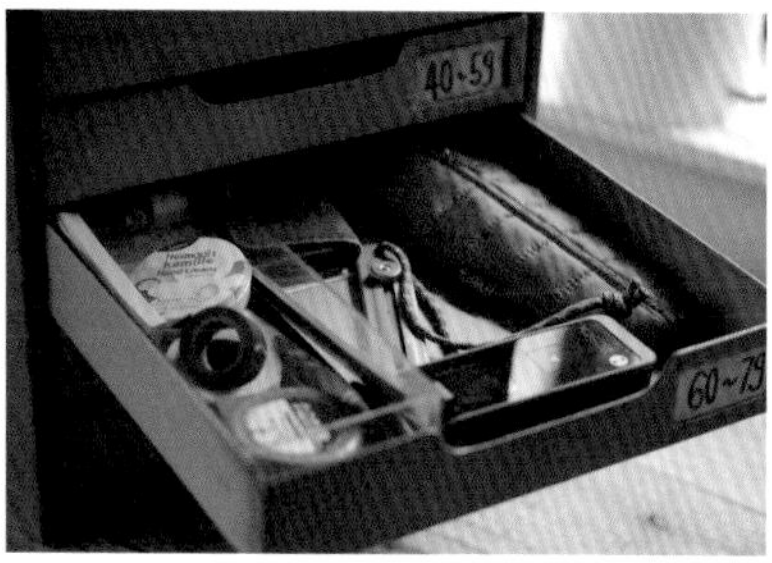

シンプルなデスクの上は、書類ケースとボックスを置いて収納力をアップさせています。デスクは古材を天板に使ったもの。事務用の引き出しにはよく使う道具を。クリアケースを入れて仕切りにしています。赤いケースは寝袋をモチーフにした文房具入れ。

ちょっと腰掛けるにも、踏み台にも、雑誌などを収納するにも便利なスツール。図工室の椅子をイメージした商品で、横に倒すとローテーブルとしても使えます。

板3枚を組み合わせるだけでできるローテーブル。気分転換に床やソファに座って仕事をする際に使っているそう。サイズや安定感など何度も試行錯誤してできた商品。

ボックスを組み合わせて本棚に。「増えたら足していくスタイルにしています。立てれば雑誌にちょうどよく、横に倒すと単行本や漫画などにぴったりのサイズを考えました」。「イエノLabo.」のオリジナルで、釘やネジを使わず木を組んでボックスにしています。

息抜き、気分転換のおとも

仕事中の飲みものは「STANLEY」の蓋つきマグカップに。「2層の真空断熱構造で保温も保冷もバッチリなので、愛用しています」

ガスコンロを置かずに「SnowPeak」のフラットバーナーを活用。国産のスキレットの使い心地は、自分たちのごはんを作りながら確かめます。仕事でありながら、息抜きにもなる時間。

最近見つけて使い始めたというディフューザーはオイルポットを直接差し込むタイプ。「仕事柄、どうしても実際に使ってみたくなってしまって。オイルを垂らすよりも手軽でいいなと思っています」

デスクの前の出窓にはグリーンを。ドライを入れているのはドリップポットで、右の鉢カバー代わりにしているのは、食品の包装に使うワックスペーパー袋。用途に縛られずにさまざまな使い道を考えているそう。

クスリと笑えるグッズもワークスペースではいい息抜きになります。デスクの上にもアウトドア感を出したいと選んだスマホスタンドは愛嬌たっぷり。

便利でおしゃれなガジェット

作業効率をぐんとアップさせてくれるガジェット。書類やコンセントなどを
美しく整理できるアイテムや、長時間の作業を快適にサポートしてくれるグッズ、
毎日の仕事のテンションを上げてくれる雑貨など、
それぞれのワークスタイルを見直しながら取り入れてみましょう。

整理する

整理に役立つガジェットがあれば、資料や文房具などをすっきりさせることができ、集中力のアップにつながります。移動して作業をする人には、まとめて持ち運べるアイテムも便利。

1

手軽に、テーブル下へ
書類収納を増設

小物をまとめて
作業スペースを確保

2

3

パソコン周辺機器を
仕分けて持ち運べる

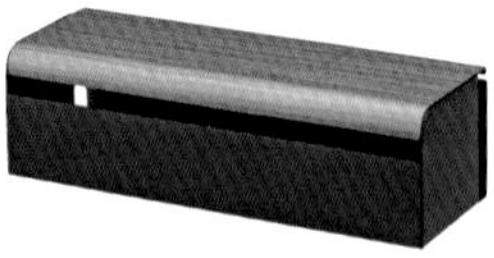

4

コードのごちゃつきを
すっきり解消

1. 天板にひっかけて収納できるラック。テーブル上を広々と使うことができるうえ、必要な際は、そのままテーブル上に置いたり、持ち運んだりできて便利。ブラウン、ホワイトの2色。耐荷重3kgまで。　Bew〈ベウ〉テーブルラック／2,200円(税込)／岩谷マテリアル　https://www.imcjpn.co.jp/

2. デスクワークに必要な小物をまとめて持ち運べるコンパクトなバッグ。L字型に開けば自立するので、狭いデスクでも邪魔になりません。スマホを立てかけるタグは、オンライン会議の時に便利。グレー、ネイビーの2色。　テレワークバッグ／2,990円(税込)／カウネット　https://www.kaunet.com/

3. ガジェットケースに見えないシンプルなバッグ。衝撃を緩和するクッション内蔵で、細々したものを分類できるメッシュポケットつき。ストラップを外してバッグインバッグにも。コヨーテブラウン、ブラックの2色。　ジオフェイスポーチ／5,390円(税込)／ザ・ノース・フェイス　https://www.goldwin.co.jp/tnf/

4. 6口の長いコンセントが入る配線ボックス。見た目だけでなく、掃除がしやすくなり、プラグに触れて事故を起こす心配もありません。接合部のホコリで漏電するトラッキング現象の防止にも。ブラウンとナチュラルの2色。　コードボックス TEER／3,973円(税込)／MIYATAKE　https://miyatake-ss.jp/

快適にする

パソコンを使いやすくするアイテムや、長時間の作業の疲れを軽減させてくれるものなど。持ち運びができるものがあれば、効率もアップ。家の中で移動をして気分を変えて仕事をしたい時にも役立ちます。

持ち運び簡単な美しい円筒型ライト

5

繰り返し利用できる電子メモパッド

6

薄さ約1.2cmながら5タイプに変化するスタンド

7

パソコン時の腕の負担が軽くなります

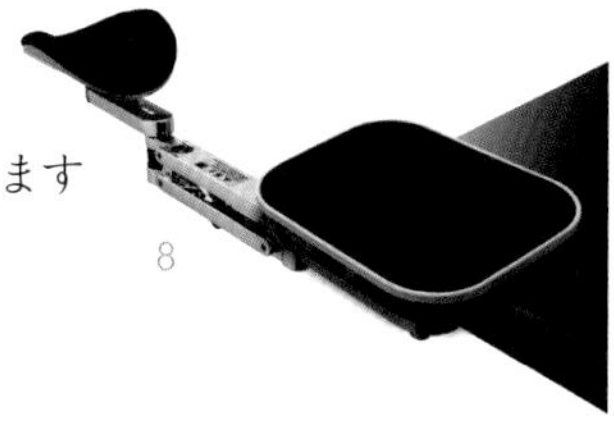

8

マグウォーマーであり、充電器でもあり

10

理想的な姿勢を保つ足用クッション

9

5.バッテリー内蔵、コードレスで簡単に持ち運べるシンプルなライト。焦点を絞った自然光に近い明るさが特徴です。モダンなデザインで、狭い場所でも安定感は抜群。タッチセンサーで5段階の調光が可能。　コードレスLEDデスクランプ／10,780円(税込)／Jya　https://store.tsite.jp/(二子玉川 蔦屋家電)

6.付箋のように使える電子メモパッド。付属のペンや爪で画面に書き込み、ボタンひとつで消去できます。マグネット内蔵で、金属製の壁やデスクなどに貼り付け可能。オレンジ、イエロー、ブルー、ブラック、ホワイトの全5色。　Boogie Board BB-12／2,970円(税込)／キングジム　https://www.kingjim.co.jp/

7.薄さ約1.2cm、重さ890gと薄さと軽さが魅力のパソコンスタンド。ガラス繊維を使っていて耐荷重10kgという耐久性もあり。角度は25、35、45、60度の4種で、スタンディングワークにも対応可能。オールブラック、オレンジ、グレー、ブルーの全4色。　MOFT Z／6980円(税込)／MOFT　https://glimpse.jp/

8.デスクに気軽に取り付け可能なアームレスト。2つのパッドが360度回転するうえ、アームも回転可能で、腕の長さや肩の高さ、デスクの距離に合わせて位置を調整できます。ゼリーのような柔らかさのゲルパッドが負担を吸収。　アームレスト／8,536円(税込)／エアリア AREA　https://www.area-powers.jp/

9.チェアの高さが合わずに足が浮くなら、フットクッションを。身体への負担を軽くし、足のむくみや冷え性の予防にもなります。インテリアになじむ色使いも魅力。カプチーノブラウン、チャコールグレー、レザーブラックの3色。　フットクッション／9,900円(税込)／BORDERLESS　https://www.borderless.ne.jp/

10.マグカップを温めるウォーマーと、ワイヤレス充電器が一体に。飲みものの温度を約40〜55度にキープします。コースター型チャージャーパッドは、マグを置いていない時には、スマホをのせるだけで充電可能。　CIO-MGW-QI10W／3,608円(税込)／CIO　https://connectinternationalone.co.jp/other

4章
自分好みのワークルームを作る

専用のワークルームを持つのは、
きっとたくさんの人にとっての理想でしょう。
自分が使いやすいように、仕事に集中できるように
きちんと整えた部屋があれば、
テレワーク生活も快適です。

思い切って仕事をするための部屋を持つことで、
仕事に対するモチベーションもアップするもの。
テレワークが終わったら、
また別の用途に使えばいいと柔軟に考えればいいのです。

自室や寝室をワークスペースにしたり、
リノベーションでワークコーナーを作ったり。
自分らしいワークルームを作り上げたお宅を4軒紹介します。

12

建材ショップ「toolbox」企画営業　小尾絵里奈さん

工具収納を取り入れて快適で居心地のいいワークルームに

引っ越したばかりの2階の一室をワークルームに。家の中でいちばん早くリノベーションが完成したスペースだそう。床は足場材を使って無骨な雰囲気に。

ネジやボルトを使わずに組み立てられて、なおかつ丈夫なイタリア製の業務用シェルフ。仕事に必要な書類や文房具などはすべてここに納めるようにしています。棚は「toolbox」で取り扱いあり。

デスクの横に棚があるので、使いたいものにさっと手が届いて便利。
仕事で外出する際もここから必要な道具だけを取り出していけばよし。

テレワークの決まりごと

- 仕事の時間は、ワークルームにこもって集中する
- 朝、夕の食事は自炊をして、オフの時間として過ごす
- 一日の時間割をざっくりと考えて、オンとオフの時間を切り替える
- 窓からの眺めや外の音などで、リフレッシュする
- ワークルームでは、アロマを取り入れたり、趣味のものを置いたりして、居心地のいい場所にする

Profile

小尾絵里奈さん

「toolbox」企画営業

夫と2人暮らし。インテリアメーカー勤務後、建材のネットショップ「toolbox」で企画営業を担当。旅やアウトドアでの活動が好き。以前は都内のマンションをリノベーションして住んでいたが、環境の良さを求めて鎌倉へ移住し、緑に囲まれた一戸建てを改装中。

Data

- 100㎡／3LDK
- 一戸建て
- ワークスタイル

週に5日ほど、だいたい9:30から18:30まで自宅で仕事。時折、来客対応などで出社することもあるが、顧客とのやり取りや社内のミーティングなどオンライン化が進んでいるので、ほぼ自宅で可能。

どの窓からも外の緑が見えるという環境。「家のリノベが終わったら、庭の手入れもしたいと思っています」

部屋の壁3面に窓があり、そこから見える景色は緑だけ。「オンラインミーティング中に『鳥の声がうるさいよ』って言われるくらいなんです」と小尾さんは笑います。自然が近い環境を求めて都心のマンションから引っ越したばかりです。「以前のマンションではリビングの隣の部屋で仕事をしていました。夫が休みで私が仕事となると、なかなか空間の使い分けが難しくて。この家では、集中できる小屋のような空間を作ろうと考えました」

裸足でも気持ちのいい足場板を床に敷き、壁は白くペイントして明るく。部屋の中央にお気に入りの大きなデスクを据え、業務用の棚と工具入れを使って仕事道具を収納。本や雑誌類は壁の上部にぐるりとつけた本棚に入れて。どちらも細かく仕切るのではなく、おおまかに納まれば良しとしています。ひとまず棚にまとめれば、机の上もすっきり。「仕事部屋があると、オンとオフがはっきりしていい。何より、窓からの空気も音も気持ちよくて居心地がいいんですよ」。緑に囲まれた一軒家は、駅からは遠く、坂道を上る立地。それでも、小尾さんが大事にしたかったのは、居心地のよさでした。自分にとって必要なものをしっかり選んだからこそ、仕上がったワークルームなのです。

自然素材のものと、業務用と。好きなテイストを厳選した念願の空間

棚の上段と中段にはガジェットや文房具など細かいものを。下段にはプリンターを置き、ファイルボックスに仕事の書類をまとめています。

デスクの上でも「TRUSCO」の小さなパーツボックスを活用。付箋やペンなどをまとめておけば、散らからなくて便利です。

棚には「TRUSCO」のさまざまなタイプのパーツボックスを入れています。ボックスの中では、さらにポーチで分類して持ち運びやすく。

部屋の上部にはぐるりと本棚を設置。そのぶん収納棚を置かずにすむので、空間が広く使えます。

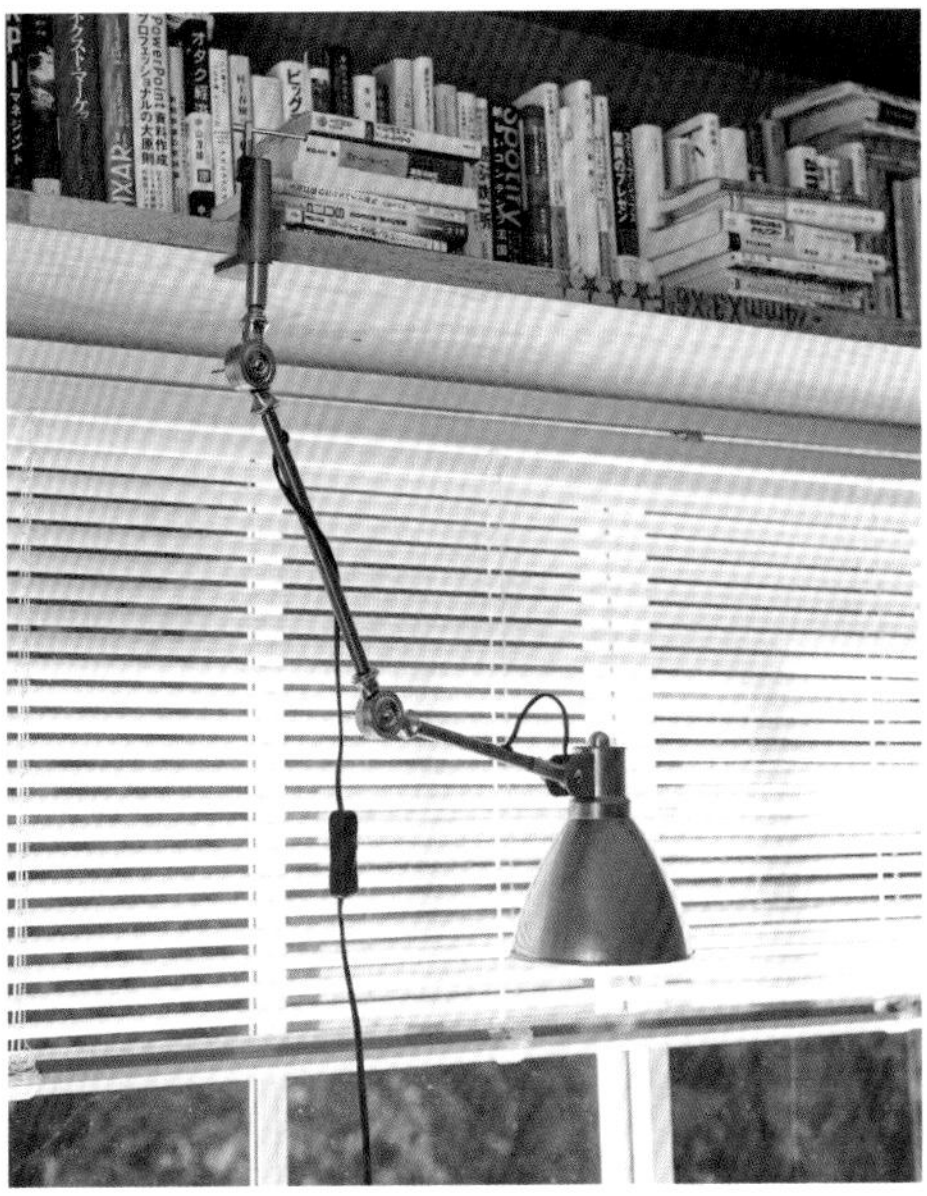

デスク用に使っているのは「toolbox」のインダストリアルアームライト。本棚に挟み込んで取り付けています。

部屋の一角にはクローゼットを。「壁を仕上げていないので、ひとまず有孔ボードを使って吊るすようにしています」

仕事は主にノートパソコンを使用。パソコン用スタンドではなく、モニターと繋ぎ、目線を上げるようにしています。

息抜き、気分転換のおとも

中庭があるだけでなく、隣が山という立地なので、ワークルームの窓の外はすべて緑という環境。「駅から遠いし、坂道を上ったりしますが、慣れてきました」と笑います。

仕事中の気分転換には、アロマを取り入れることもあるそう。ディフューザーとオイルはデスクの上が定位置。

ワークルームの隣はご主人の部屋兼客間。ときどきそこで筋トレをするのも息抜きになっているそう。「夫の道具を借りることもあります」

「ここで本を読むのがすごく好きで。落ち着くんです」と教えてくれたのが、2階から屋上へ上がる階段。窓からの光が明るく、階段をカーペット敷きにしたので、居心地がいいのだそう。

夫のワークルームでは有孔ボードをフル活用

隣のご主人の部屋では、つっぱり式の棚を利用して有孔ボードを取り付け、収納に活用しています。床は、「toolbox」のスクールパーケットを使用。

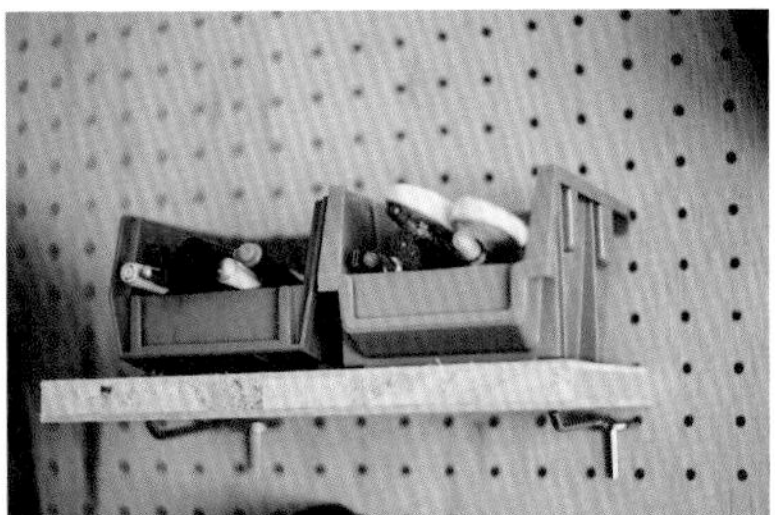

こちらでも「TRUSCO」の小さなパーツボックスを使って、文房具などを整理。

デスクはホームセンターで板を買い、「toolbox」の脚と引き出しと組み合わせたもの。「友人や家族が泊まりに来た時にも使ってもらえると思って」

13

WEBデザイナー　井上雅さん

オンライン環境を考え、陽当たりのいい場所にデスクを

自室の一角にあるワークスペース。「テレワークが始まった当初はキッチンやリビングを行き来していましたが、ここがいちばん集中できます」

リビングにある大きなデスクはパートナーの徳島さんと共有しているそう。スイスの建築家、ピエール・ジャンヌレのデザイン。天板が革製で重厚感があります。

お互いの自室に収納しているので、奥のコンテナには何も入っていないというほど。ダイニングセットもピエール・ジャンヌレのデザインです。

Data

76㎡／2LDK
賃貸マンション
ワークスタイル

週に2から3日ほど、9:00から19:00まで自宅で仕事。会社と行き来するので、ノートパソコンでもデスクトップでも作業できるように環境を整えている。テレワークに備え、自室にデスクを注文中。

Profile

井上 雅さん
WEBデザイナー
パートナーと2人暮らし。添乗員やカフェ店員を経て、大学院でビジネスを専攻しながら、デザインの専門学校に。卒業後はフリーランスのデザイナーとして独立。現在は「おいしい健康」にてWEBやアプリのデザインを手がけている。

テレワークの決まりごと

- 仕事を始める前に、家事をすませる
- テレワーク前に軽くメイクをして、着替える
- 仕事に集中できる時間を長くとるために、通勤時間も仕事をする
- 昼ごはんは手軽にし、休憩時間で他の家事をこなす
- 残業しがちになってしまうので、夕ごはんの時間はワークスペースから離れるようにする

リビングの一角にあるデスク。ライトは古いものをリメイクして使っています。奥が徳島さんの自室。

「まだ仮のデスクで仕事をしていて……」と井上さんが案内してくれたのは自室の一角。窓からの光が燦々と入るスペースに、キャンプ用のテーブルを置いています。ちょうどこの家への引っ越しとテレワークが始まる期間が重なり、仕事用のデスクを注文するも、まだ届いていないのだそう。「こういう時にアウトドアのものって役立つんですね。意外と丈夫なので、ひとまずはここで仕事をしています」。オンラインでのミーティングもあるため、できるだけ自然光が入る場所をと考えて、窓際が定位置に。家にいる時間が増えて、さらに数が多くなったというグリーンも窓際に吊るし、環境を整えています。

気分を変えたい時には、リビングにあるデスクへ。ＬＤＫは一緒に暮らすパートナーとの共有スペースのため、私物はそれぞれ自室に置くようにしています。そのせいか、ＬＤＫはものが少なく、ゆったりとした空間。「基本的には、デスクトップがある自室にこもって仕事をし、リビングにはノートパソコンを持ち出して。料理をしたり、ベランダに出たりするのが、いい休憩時間になっています」。ワークルームがあることで集中できるからこそ、ゆったりしたリビングでの仕事が気分転換にもなるのでしょう。デスクが届き、よりメリハリのある環境が整う日はもうすぐです。

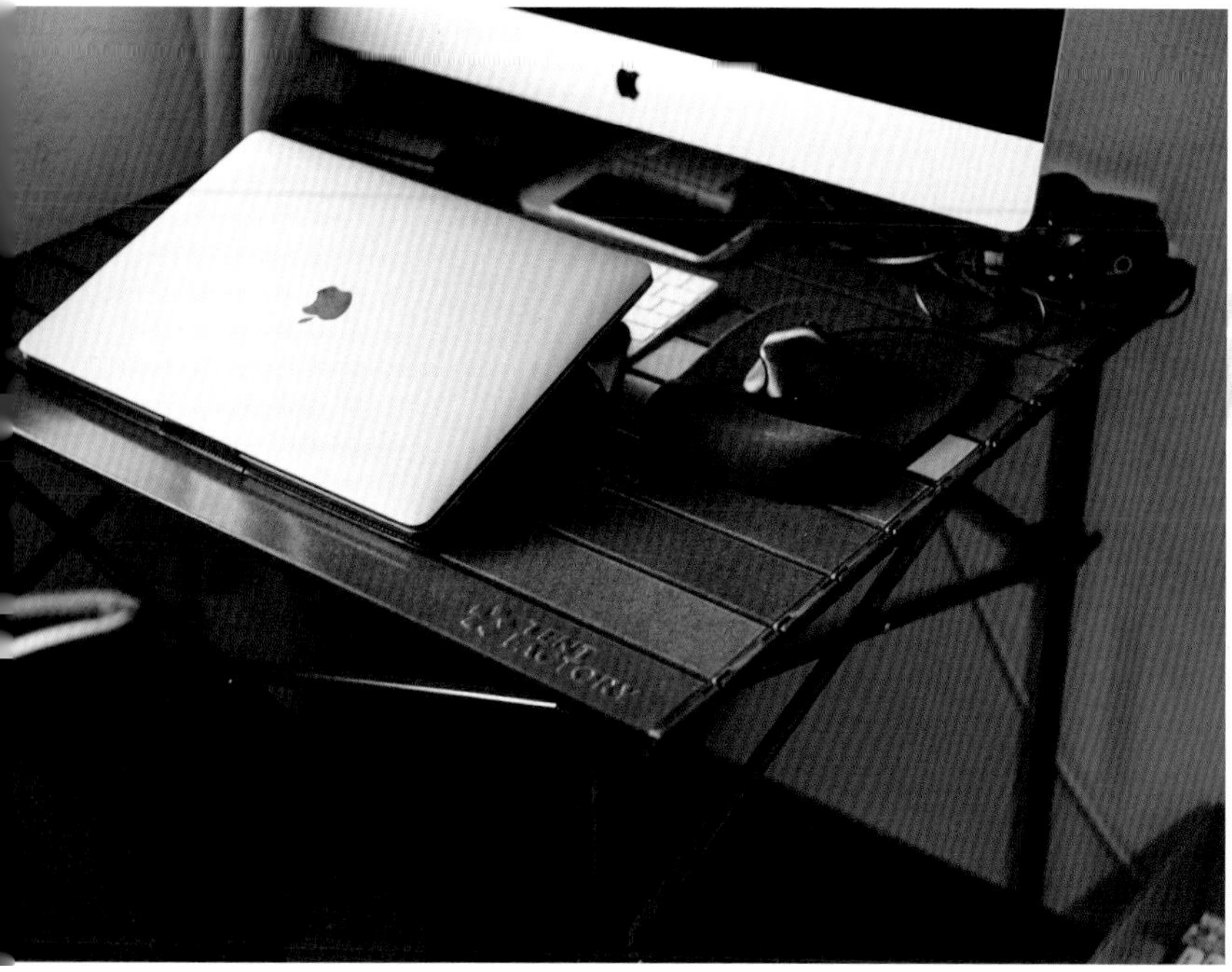

色数を増やさず、落ち着きのあるワークスペースに

一時的にアウトドア用の折りたたみテーブルをデスク代わりに。テーブルもガジェット類も黒が多いので、ごちゃごちゃせずに落ち着いた雰囲気になっています。ワークチェアは「オカムラ」のバロンチェアを中古で購入。「あれこれじっくり試せないうえに、いいとされるチェアは高いですよね。中古でもいいものが見つかったので、満足しています」

クラウドファンディングで購入したというパソコンケース。折り紙のように組み立てるとスタンドにもなるので、自宅でも仕事場でも愛用しているそう。

アイディアソースとなるデザイン書や好きでよく見るという料理本はバンカーズボックスにまとめて収納。「本棚を買うと、延々増えていってしまうのでどうするか検討中です」

自宅にいる時間が増えるとともに、少しずつ数が多くなってきたというグリーン。息抜きに近所の花屋さんに行くことも多く、ダイニングテーブルにはいつも花があるのだそう。

息抜き、気分転換のおとも

パソコンに向かう時間が長いため、肩こりや腰痛にはいつも気を使っています。ヨガマットやローラー、バランスボードはいつでも使えるようにスタンバイ。

リビングの一角にある音楽コーナー。ふたりともレコードで聞くのが好きなので、休憩時間や夕食時に楽しんでいます。

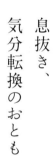

つい仕事をし続けてしまうため、休憩時間として料理と食事を大事にする

室内だけでなく、ベランダにもグリーンが。「食べられるものを育てたいと思って」。今日はランチのタコス用に唐辛子を収穫。

キッチンカウンターに置かれたかごは食材の一時置き場。メモにはランチの材料とレシピが。

集中すると時間を忘れてしまいがちな井上さんにとって、食事の時間は仕事を切り上げるいいきっかけ。3食自炊するようにして、休憩時間をしっかりとっています。

ランチは簡単に作れるものですますようにしています。この日のメニューはタコス。
前日の夜に仕込んでおいたものを使って、手際よくパパッと完成。さすがです。

14

建材ショップ「toolbox」
ディレクター　石田勇介さん

好きなものを詰め込みながら、ライフスタイルに合わせて変化し続ける

角が窓になっていて、明るい光が入るコーナーをワークスペースに。中庭とは別にさらに右手に庭があって開放的な空間です。

デスクは「toolbox」のフレーム脚に天板をのせています。天板は合板に絵画用のキャンバスを貼ったもの。「飽きたら色を塗り重ねて変えられるようにしています。今は少しグレーがかった白に」

ただサンプルや端材を並べているだけですが、オブジェのように見えるコーナー。丸いアクリルは職人さんが実験的に作ったものだそう。

Data

107㎡／2LDK
分譲マンション

ワークスタイル

週に3から4日ほど自宅で仕事。時間帯はまちまち。商品開発やデザインなどは自宅のワークスペースでデスクに向かっての作業が多いが、実際に建材を試すためにもの作りの仕事をすることも多い。

Profile

石田勇介さん

「toolbox」ディレクター
妻と娘の3人暮らし。映像やデザイン、アパレルの仕事を経て、内装建材や家具パーツ、リノベーションのアイディアなどを提供する「toolbox」にて、商品開発やリノベーションの企画や設計などを担当している。

テレワークの決まりごと

- 通勤時のインプット時間がなくなったので、朝食後にその時間を設けるようにしている
- 適度に散歩をして身体を動かすように心がける
- デスク周りには好きなものを置いて快適に
- 炭酸水や濃いめのコーヒーを飲んでリフレッシュ
- デザインの刺激になる本を見て、仕事に集中する

チェアは、デンマークのフリッツ・ハンセン社のオックスフォードチェア。「デザインも好きだし、疲れないので気に入っています」。ワークスペースの横が寝室。まだ作ったばかりという空間なので、壁の仕上げはこれからです。

玄関を入ると、土間のような空間があり、続く廊下の奥には広いLDKが。そして、中庭を挟んでさらに奥に、石田さんのワークスペースがあります。「中庭のあるコの字型の間取りが気に入って、中古で買いました」というマンションは、購入から9年経つ今もリノベーションの途中。というのも、家族のライフスタイルに合わせて、部屋を改装し続けているからです。

　ワークスペースもその流れで生まれたコーナー。「以前はノートパソコンで移動していました。リビングやダイニング、中庭などで好きに仕事をしていたんです」。しかし、デスクトップ型に変更し、さらに子どもが生まれたこともあって、自身のデスクを設置することに。照明やグリーン、雑貨など自分好みのものを集めて快適な空間にしました。しかし。「いずれは移動する予定。隣に寝室を作ったので、ここは寝起きにくつろぐスペースにしたくて」。玄関を入ってすぐの土間には製作途中の壁があり、ダイニングテーブルの上には、固定される前のボックスと天板が置かれ、まだ改装は続く様子。こうしたらもっと便利になる、心地よくなる。そう考えながら、労力をいとわずに楽しそうに作業をする石田さん。きっとワークスペースも、さらに快適さを求めて進化していくに違いありません。

デスクの上には好きなグリーンを。「グリーンに限らず、石や金属など、内装の素材になるものは、目に入るようにデスク周りに置いています」

仕事が煮詰まったらよく手にするデザインソースになる本。紙製のファイルボックスの表面にサンプルを貼り付けて木のように見せています。

いつもいる場所だから、どんな道具も大事に選んで

ライトはドイツのデザイナー、インゴ・マウラーのもの。古材に取り付けて、安定感を出しつつ、高さを調整しています。ライトがついている古材には、あえてビスをつけて磁石を。「よく使うクリップをつけておけて便利なんです」

自身で撮影することもあり、カメラは家でも仕事場でもよく使う道具。クッション性があるアウトドア用のポーチに入れて持ち運びしやすく。

デスク脇には「BISLEY」の引き出しを置いて文房具などの細かいものを収納しています。デスクの下に入れ込まず、天板の上には作業中の資料やサンプルを広げて。

1.自身のリノベーションのためだけでなく、仕事上、新しい建材を試すことも多いそう。大工道具は常に身近にあって、すぐ手に取れるように整理して置いています。
2.玄関からLDKへ向かう廊下には、製作途中の壁が。「子どもが生まれて、きちんとした脱衣所を作ろうと思って、職人さんと作業しています」

料理をする時間も石田さんにとっての息抜き。「今、冷蔵庫の位置を変えようと思って、そのためには棚をもっと使いやすくしようかな、と考えているところです」と、さらにリノベーションは続きそうです。

息抜き、気分転換のおとも

愛猫のごまちゃん。リノベーション作業の音にも動じません。

製作途中の場所が多いなか、ほぼ完成しているリビング。床に石を敷き、コーナーとして見えるようにしています。

15

翻訳家、「THE SOAPURE」運営　伊吹りささん

テレワークを きっかけに手に入れた ストレスフリーな暮らし

リノベーションや街のブランディングを手がける「ブルースタジオ」による物件。「テラスハウスで、住民同士のつながりがあって居心地がいいんです」

1階はダイニングキッチン。息抜きとしてダイニングで仕事をすることも。基本的には料理をしたり、石鹸を作るために活用しているスペースです。

デスク横のチェストには、「ごちゃごちゃすると落ち着かないから」と、仕事のものを置かないように気をつけているそう。

Data

- 44.59㎡／1LDK
- 賃貸マンション
- ワークスタイル

週に5日ほど、9:00から17:00まで自宅で仕事。翻訳の仕事が中心のため、パソコンに向かうことが多い。自身の活動としての石鹸作りはダイニング横の工房で。畑仕事が気分転換になっている。

Profile

伊吹りささん

翻訳家、
「THE SOAPURE」運営

ひとり暮らし。出版社、翻訳会社での勤務を経て、フリーの翻訳家に。主にアパレル関係の翻訳を行っている。自身の活動としてオーガニック石鹸ブランド「THE SOAPURE」を立ち上げ、自宅で手作りし、販売まで手がけている。

テレワークの決まりごと

◯集中できる午前中に、大切な仕事をする
◯仕事始めは、ラジオを聞いたり、ニュースを見たりして、スイッチを入れる
◯気が散らないよう、デスク周りにはものを置かない
◯デスクやチェアの高さだけでなく、ベッドマットにもこだわって身体をいたわる
◯夕方にプライベートの予定を入れて、目標にする

デスクはコンパクトなサイズのものを探して「IKEA」のものを。チェアは、腰痛になったのをきっかけに見直し、以前の会社で使っていたハーマンミラー社の「セイルチェア」に。

天井が高く、明るく柔らかい光に満ちた寝室。伊吹さんのワークスペースはその一角にあります。窓の外には畑が見え、とても静かで集中できる空間。駅からは遠いものの、周りの環境と内装の良さから、即決したという家です。ここに引っ越したのは、以前勤めていた会社でテレワークが導入されたことがきっかけでした。「通勤する日が減るなら、駅から遠くてもいい。そう考えたら、働き方や暮らし方を見直そうと思ったんです」

引っ越すにあたり、インテリアになじむデスクやオフィスチェアを購入し、ワークスペースを整えることに。さらに、物件内にある畑でハーブを育てたり、オーガニックの石鹸を作ったりしながら、やがて退職し、フリーの翻訳家に。「通勤や情報が多いことに対するストレスが減りました。この天井の高い空間にいるのがとても気持ちよくて、引っ越してよかったなと思っています」。気に入ったワークスペースを持つことで、生活そのものが快適になったことが伝わってきます。これからは畑仕事も増やし、石鹸作りを広げていくためにダイニング周りの仕事の環境も変えていきたいと嬉しそうに話します。テレワークによって、暮らしそのものをより楽しんでいる様子。これからワークスペースがどう変化していくか楽しみです。

「翻訳の仕事は、ほとんどデジタル化されているので、紙の資料なども少ないんです」と話すように、デスク周りはすっきり。プリンターなどは足元に置いて隠しています。

在宅だからこそ、自分にとって快適なスペースにする

1. パソコンに向かう時間が長いため、腕を支えるものが欲しいと取り入れたウエストクッション。「作業しやすい高さに肘を置くことができるので、肩こりが減りました」
2. キーボードとマウスの前には、低反発のリストレストも。マウスも作業性の高い「jolly comb」を選んで、とにかく身体に負担がかからないようにしています。

ワークスペースの対面にあるベッドコーナー。「よく眠れると仕事の効率もよくなるので、ベッドマットもシモンズのものにして、身体をいたわるように」

ダイニングテーブルで仕事をすることも。階段部分が吹き抜けになっていて、ここも開放感があります。

この家に引っ越してから変わったのは手作りするものが増えたこと。「味噌や梅干しなども自家製です。仕事しながら、合間に料理をするのも楽しい時間です」

テラスには、これから育てようとしているハーブの苗が。人懐っこい野良猫もときどき遊びに来ます。

よりキリッとしたい時には、炭酸水にハーブを入れ、さらにレモンを絞って。「手軽にできるのに、すごく気分がすっきりします」

ハーブは石鹸などに使うほか、日々のハーブティにも。ポットに入れてお湯を注ぐだけで、爽やかないい香りがダイニングキッチンに広がります。

ミントやホーリーバジル、レモングラスなど10種類以上のハーブを育てているそう。これからはさらに野菜にも挑戦する予定。

息抜き、気分転換のおとも

伊吹さんがこの物件を選んだ理由のひとつが、隣接する畑を借りることができるということ。「いつかはハーブや野菜を育ててみたいと思っていたので、物件を借りると同時に申し込みました」。今は石鹸やミストに使うためのハーブを大切に育てています。

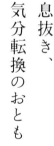

自宅で手作りして販売している石鹸。有機や無農薬の精油、オイルを使い、畑で採れたハーブを取り入れたりして作っているもの。

ハーブを蒸留するための道具。「蒸留してから、石鹸に使ったり、ハーバルウォーターに使ったりしています。これからもっとたくさん作りたいので、道具も一新する予定」

ハーブの蒸留水から作ったハーバルウォーター。化粧水やルームスプレーとして使って、気分転換にしているそう。

暮らしも仕事も快適に
テレワークのインテリア

2020年12月4日　初版第1刷発行

編著
パイ インターナショナル

デザイン
塚田佳奈（ME&MIRACO）

写真
相馬ミナ（p30-31, 64-71, 88-95を除く）
寺嶋梨里（p64-69）
奥洞 僚（p88-93）

編集・文
晴山香織

取材・文
高橋七重（p30-31, 70-71, 94-95）

企画・進行
及川さえ子

発行人　三芳寛要
発行元　株式会社パイ インターナショナル
〒170-0005　東京都豊島区南大塚2-32-4
TEL 03-3944-3981　FAX 03-5395-4830
sales@pie.co.jp

PIE International Inc.
2-32-4 Minami -Otsuka,Toshima-ku, Tokyo
170-0005 JAPAN
印刷・製本　図書印刷株式会社

ISBN978-4-7562-5434-4　C0077　Printed in Japan

本書に掲載されている情報は、主に2020年10月までに集められた情報に基づいて
編集しております。